Heinrich Tauscher

Unsere Heuschrecken

Lebensweise · Bestimmung der Arten

**Kosmos
Gesellschaft der Naturfreunde
Franckh'sche Verlagshandlung
Stuttgart**

118 Farbfotos von BHB-Foto (4), K. Harz (4), H. Heidemann (1),
R. Hrabak (1), Pfletschinger/Angermayer (1), H. Tauscher (106) und
W. Zepf (1)
sowie 2 SW-Fotos und 51 Strichzeichnungen von H. Tauscher

Umschlaggestaltung von Edgar Dambacher unter Verwendung einer
Aufnahme von Dr. Heinrich Tauscher
Das Bild zeigt ein Männchen der Alpen-Strauchschrecke
(*Pholidoptera aptera*)

CIP-Kurztitelaufnahme der Deutschen Bibliothek

Tauscher, Heinrich:
Unsere Heuschrecken : Lebensweise ; Bestimmung
d. Arten / Heinrich Tauscher. – Stuttgart :
Franckh, 1986.
  (Kosmos-Naturführer)
  ISBN 3-440-05617-1

Das Bild auf Seite 1 zeigt ein Männchen der Sumpfschrecke (*Mecosthetus grossus*), das Bild auf Seite 2 ein Porträt des Großen Grünen Heupferdes (*Tettigonia viridissima*). Aufnahmen H. Tauscher

Franckh'sche Verlagshandlung, W. Keller & Co., Stuttgart / 1986
Alle Rechte, insbesondere das Recht der Vervielfältigung und Verbreitung, vorbehalten. Kein Teil des Werkes darf in irgendeiner Form (durch Fotokopie, Mikrofilm oder ein anderes Verfahren) ohne schriftliche Genehmigung des Verlages reproduziert oder unter Verwendung elektronischer Systeme verarbeitet, vervielfältigt oder verbreitet werden.
© 1986, Franckh'sche Verlagshandlung, W. Keller & Co., Stuttgart
Printed in Italy / Imprimé en Italie / LH 14 Ste / ISBN 3-440-05617-1
Satz: G. Müller, Heilbronn / Herstellung: Grafiche Muzzio, Padua

Unsere Heuschrecken

Vorwort 6

Allgemeiner Teil 7
Körperbau 7
Entwicklung 10
Sinnesfähigkeiten 16
Lauterzeugung 19
Fortbewegung 23
Fortpflanzung 27
Besondere Verhaltensweisen 36
Jahreszeitliches Auftreten 39
Vorkommen, Umweltfaktoren und Gefährdung 40
Ernährung 46
Feinde und Parasiten 47
Heuschrecken und der Mensch 48
Auffällige Variationen und Abweichungen 52
Sammlung und Präparation 61

Systematischer Teil 64

Weiterführende und ergänzende Literatur 156

Register 157

Vorwort

Die Heuschrecken sind Insekten, die wohl jedem Menschen bereits im Kindesalter aufgefallen sind. Ein wesentliches Merkmal dieser Tiere – die bei Bedarf springende Fortbewegungsweise – erregt schon früh die menschliche Aufmerksamkeit.
Die Heuschrecken oder Springschrecken (Saltatoria) umfassen die beiden Insektenordnungen <u>Langfühlerschrecken</u> (Ensifera) und <u>Kurzfühlerschrecken</u> (Caelifera), mit ihnen verwandt sind die <u>Schaben</u> (Blattodea) und die <u>Gottesanbeterin</u> (Mantodea). Für das Gebiet der BRD, der Schweiz und Österreichs sind etwa 100 Heuschreckenarten bekannt, hinsichtlich des Artenspektrums ist die mitteleuropäische Heuschreckenfauna recht gut erforscht. Bei einzelnen Arten sind in den letzten Jahrzehnten regionale Verschiebungen der Areale zu beobachten gewesen, prinzipielle Neuentdeckungen sind in diesem entomologischen Bereich aber nicht mehr zu erwarten. Es ist vielmehr zu befürchten, daß in naher Zukunft eine ganze Anzahl von Arten durch die intensiven, durch den Menschen verursachten Auswirkungen auf die Umwelt bei uns verschwinden oder aussterben wird. Einige Heuschreckenarten sind auf den ersten Blick erkennbar und nicht zu verwechseln, andere wiederum sind selbst für den Fachmann äußerst schwierig zu unterscheiden. Bereits im 19. Jahrhundert gaben im deutschsprachigen Raum namhafte Gelehrte umfassendere Darstellungen dieser Insektengruppe heraus, so BURMEISTER, FISCHER-WALDHEIM, L. H. FISCHER und insbesondere BRUNNER von WATTENWYL.
In neuerer Zeit verfaßte K. HARZ mit den 1957 erschienenen „Die Geradflügler Mitteleuropas" das umfassendste Werk zu diesen Tieren und ihrer Biologie. Dieses Buch ist schon lange vergriffen. In den Jahren von 1969 bis 1976 erschien vom gleichen Autor (und A. KALTENBACH) das dreibändige Werk „Die Orthopteren Europas". Dieses Standardwerk der zoologischen Fachliteratur hat taxonomischen Charakter und vorwiegend für den Fachmann bestimmt. Die Heuschrecken sind Gegenstand zahlreicher Untersuchungen vieler zoologischer Forschungsrichtungen: Anatomie, Morphologie, Physiologie, Systematik etc. Für ökologische Untersuchungen sind sie besonders geeignet. Bereits vor 25 Jahren begründete dies KÜHNELT sehr treffend mit ihrer überschaubaren Artenzahl, ihrer Auffälligkeit und dem günstigen jahreszeitlichen Auftreten der meisten Arten. Überdies enthält diese relativ kleine Insektengruppe zahlreiche ökologische Leitformen mit hohem Indikatorwert, was für Biotopeinschätzungen überaus nützlich ist.
Sehr im Gegensatz zu anderen Insektengruppen, wie etwa den Käfern und Schmetterlingen, gab es für den interessierten Naturfreund bei den Heuschrecken seit längerer Zeit nur beschränkte Möglichkeiten, sich einen Überblick über diese interessanten Tiere zu verschaffen.
Der vorliegende Heuschreckenführer soll dem Naturfreund dazu Gelegenheit bieten und so helfen, eine hier klaffende Lücke zu schließen. Dieser Heuschreckenführer entstand aus einer systematischen Bilddokumentation dieser Tiere und der freundlichen Bereitschaft des Kosmos-Verlages, auch einer zahlenmäßig kleinen, aber überaus interessanten Tiergruppe einen eigenen Naturführer zu widmen.
Ich möchte abschließend noch bemerken, daß ich – auch auf Wunsch des Verlages hin – versucht habe, einen komplizierteren, dichotomen Bestimmungsschlüssel zu vermeiden. Ich hoffe, daß mit dem gewählten Modus (Habitusübersichten und wenige, charakteristische Merkmale) es auch dem Nichtzoologen möglich ist, sich schnell und leicht Klarheit über die Zugehörigkeit von aufgefundenen Heuschrecken zu verschaffen.
All jenen, die mir in den vergangenen Jahren in irgendeiner Weise Hilfe gewährten, möchte ich hier meinen Dank aussprechen!

Wien *Dr. Heinrich Tauscher*

Allgemeiner Teil

Körperbau

Die Heuschrecken sind relativ große Insekten, die Körperlängen der meisten Arten liegen zwischen 20 und 30 Millimetern. Die größte einheimische Form ist die Sägeschrecke (*Saga pedo*) mit fast 70 mm Körperlänge, die mit Abstand kleinste Form, die Ameisengrille (*Myrmecophilus acervorum*), wird nur etwa 3 mm lang. Bei den meisten Arten sind die Weibchen etwa um ein Drittel größer als die Männchen.

Die Heuschrecken besitzen ein festes Außenskelett aus Chitin, der segmentierte Körper zeigt die insektentypische Aufgliederung in Kopf (Caput), Brust (Thorax) und Hinterleib (Abdomen).

Der Kopf ist der Träger der wichtigsten Sinnesorgane und der Mundwerkzeuge, die Kopfstellung zum Körper ist orthognath, d. h., die Mundwerkzeuge sind nach unten gerichtet.

An der Kopfkapsel ist die ursprüngliche Segmentierung nicht mehr zu erkennen, man unterscheidet an ihr den Scheitel (Vertex), den Kopfgipfel (Fastigium), die beiden Wangen (Genae, Ez. Gena), die Stirn (Frons) und der Kopfschild (Clypeus). Zwischen Scheitel und Wangen liegen die paarigen, aus vielen Einzelaugen zusammengesetzten Komplexaugen, die Stirn weist noch drei weitere Einzelaugen, die Ocellen, auf. Die Fühler (Antennen) bestehen

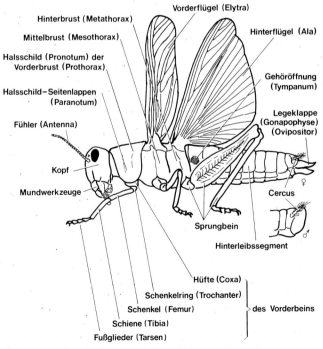

Bild 1. Körperbau der Ordnung Caelifera (Feldheuschrecken).

aus einem bewegbaren Schaftglied (Scapus), einem Wendeglied (Pedicellus) und der vielgliedrigen Antennengeißel (Flagellum). Die beißend-kauenden Mundwerkzeuge schließen den Kopf nach unten hin ab, sie sind als die spezialisierten Extremitäten der ursprünglichen Kopfsegmente zu betrachten. Sie bestehen aus der unpaaren, plattenförmigen Oberlippe (Labrum), den paarigen, zangenartigen Oberkiefern (Mandibeln), den paarigen, zarteren und mehrteiligen Unterkiefern (Maxillen) und der wieder unpaaren Unterlippe (Labium). Unterkiefer wie Unterlippe sind mit Tastern (Maxillar- bzw. Labialpalpen) versehen. Der Kopf ist über eine biegsame Halshaut (Cervix) beweglich mit der Brust verbunden.

Die Brust dient der Fortbewegung und setzt sich aus drei Segmenten zusammen, jeder Brustring besteht aus einer Rückenplatte (Tergit), den beiden Seitenplatten (Pleurite) und der Bauchplatte (Sternit). Jedes Brustsegment trägt in den Grenzbezirken von Seiten- und Bauchplatten (Sternopleuralkomplexe) ein Beinpaar. Die Beine sind in Hüfte (Coxa), Schenkelring (Trochanter), Schenkel (Femur), Schiene (Tibia) und dem mehrteiligen Fuß (Tarsus) gegliedert. Die Vorderbeine und Mittelbeine sind Schreitbeine, die Hinterbeine sind zu verlängerten Sprungbeinen ausgebildet. Die große Vorderbrust ist beweglich, die mächtigen Seitenlappen (Paranota, Ez. Paranotum) sind tief auf die Seiten herabgezogen. Mittelbrust und Hinterbrust sind fest miteinander verwachsen und nach hinten erweitert, auf jeder Körperseite weisen sie eine Atemöffnung (Stigma) auf, die Stigmen der Vorderbrust werden meist von den Seitenlappen verdeckt. Die Mittelbrust bildet die schmäleren, derben Deckflügel (Elytren, Ez. Elytra), die Hinterbrust die größeren, häutigen Hinterflügel (Alae, Ez. Ala) aus. Bei einem Teil der Arten können die Flügel z. T. stark reduziert sein, gänzlich flügellos sind nur die Höhlen- und Gewächshausschrecken. Die Flügel sind großflächige, blattartige Hautausstülpungen in der Art der Paranota der Vorderbrust, sie sind entstehungsgemäß mit den Beinen nicht vergleichbar! Die Flügel bestehen aus zwei Chitinlamellen, die bis auf die Kanäle der Flügeladern fest verwachsen sind. Die Flügeladern dienen der Versteifung, in ihnen verlaufen Nerven, Blutlakunen und Tracheen. Bewegt werden die Flügel über kompliziert gebaute Flügelgelenke von der direkten Flugmuskulatur der Brust, bei flugfähigen Formen sind die Hinterflügel faltbar und werden zusammengelegt unter den Deckflügeln getragen.

Der Hinterleib enthält den Großteil der Verdauungsorgane und die Geschlechtsorgane (Gonaden). Jeder Hinterleibsring besteht aus einer größeren, stärker gewölbten Rückenplatte und einer kleineren, flacheren Bauchplatte, die Seitenteile sind häutig (Pleuralhäute). Der 1. Hinterleibsring ist meist fest mit der Hinterbrust verwachsen, in den Vorderwinkeln der ersten acht Rückenschilder liegt jeweils eine Atemöffnung. Bei den Männchen liegt die Geschlechtsöffnung (Gonoporus) am 9. Segment des Hinterleibes, der Bauchschild dieses Segmentes bildet die arttypisch geformte Subgenitalplatte. Der Gonoporus und die Subgenitalplatte der Weibchen liegen am 8. Segment, Fortsätze vom 8. und 9. Segment, die Gonapophysen oder Valven, bilden den Legeapparat der Weibchen. Das 8. Segment bildet ein Paar Gonapophysen aus, das 9. Segment deren zwei Paar. Die Subgenitalplatte kann bei Laubheuschrecken (Ensiferen) in stiftförmige Griffel (Styli, Ez. Stylus) auslaufen. Das Aftersegment, an dem der Enddarm ausmündet, trägt ein Paar kurzer Fortsätze, die Cerci (Ez. Cercus). Cerci wie Styli werden als Reste von abdominalen Extremitäten aufgefaßt, die Cerci der Ensiferen-Männchen spielen oftmals bei der Paarung eine Rolle als Klammer- oder Greiforgan.

Der Darm ist in 3 Abschnitte gegliedert: Vorderdarm (Stomodäum), Mitteldarm (Mesenteron) und Hinterdarm (Proctodäum). In den Enddarm münden die insektentypischen Ausscheidungsorgane, die Malpighischen Gefäße, ein. Während der Darm bei den Feldheuschrecken (Caeliferen) fast gerade den Körper durchzieht, ist er bei den Laubheuschrecken (Ensiferen) mehr als körperlang und im Hinterleib stark gewunden, auch die Anteile der einzelnen Darmabschnitte an der Darmlänge sind bei den beiden Heuschreckengruppen unterschiedlich.

Das Blutgefäßsystem ist offen, das röhrenförmige und blindgeschlossene Herz liegt am Rücken des Hinterleibes. Zum Bluteinlaß sind seitlich angeordnete, paarige Öffnungen (Ostien) vorhanden, mit rhythmischen Kontraktionen

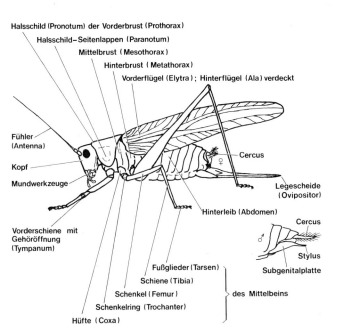

Bild 2. Körperbau der Ordnung Ensifera (Laubheuschrecken).

wird das Blut (Hämolymphe) kopfwärts in die Aorta gepumpt. Die Aorta endet im Kopfbereich, das meist farblose, nicht sauerstofftransportierende Blut strömt frei zirkulierend über Körperhohlräume und Gewebespalten (Lakunen) wieder zurück ins Abdomen.
Die Atmung erfolgt über das Tracheensystem, das ist ein bei den Atemöffnungen beginnendes, chitinisiertes Röhrensystem, das mit spiraligen Versteifungen gegen ein Zusammenfallen geschützt ist. Die Tracheenstämme der einzelnen Atemöffnungen stehen untereinander in Verbindung und können besonders bei gut flugfähigen Formen Lufttaschen oder Luftsäcke bilden. Die Tracheen verästeln sich reich verzweigt im ganzen Körper, die feinsten Verzweigungen (Tracheolen) reichen an jedes Organ und an jeden Muskel heran und garantieren so die Sauerstoffversorgung des Körpers. Durch Zusammenpressen und Dehnen des Hinterleibes können die Tiere die Luftdurchströmung (Ventilation) der Tracheen steigern, diese Atembewegungen fördern gleichzeitig auch die Blutzirkulation im Körper.
Ein insektentypisches Strickleiternervensystem erledigt die Koordination der Bewegungen und den Informationsaustausch mit der Umwelt. Im Kopf bilden das gegliederte Oberschlundganglion, von dem aus mächtige Sehlappen an die Augen heranreichen, gemeinsam mit dem Unterschlundganglion das Heuschreckenhirn. Dicke Nervenstränge (Kommissuren), die den Darm umfassen, verbinden die beiden Kopfganglien. Vom Unterschlundganglion aus reichen paarige Bauchmarkstränge bis ans Hinterleibsende. In der Brust sind für die Koordination der Fortbewegungsorgane drei Thorakalganglien ausgebildet, die ursprünglich segmental angeordneten Nervenknoten des Hinterleibes sind zu vier bis fünf Ganglien zusammengerückt. Die von den einzelnen Ganglien ausstrahlenden Nerven und deren Verzweigungen binden die ver-

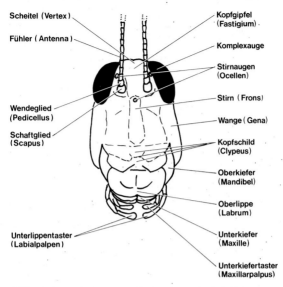

Bild 3. Schema des Heuschreckenkopfes und seiner Teile.

schiedenen Organe, Muskeln und Sinneszellen in das Koordinationssystem ein.
Die Gonaden bestehen aus den paarigen Hoden (Testes) bzw. aus den paarigen, büschelförmigen Eierstöcken (Ovarien). In beiden Geschlechtern sind den Geschlechtsorganen zugehörige Anhangsdrüsen (Genitaldrüsen) ausgebildet.
Die Genitalarmaturen der Männchen bilden einen mehrteiligen Begattungsapparat, der arttypisch geformt ist und gewöhnlich von der Subgenitalplatte bedeckt wird. Zur sicheren Bestimmung von eng verwandten Arten wird oft diese spezifische Gestaltung des männlichen Genitalapparates als wesentliches Merkmal zur Unterscheidung herangezogen.
Die Gonapophysen des 8. und 9. Segments bilden bei den Weibchen den Legeapparat. Bei den Ensiferen sind die drei Paar Gonapophysen lang, verfalzt und formen eine Legescheide für die Eier. Bei den Caeliferen ist ein Gonapophysenpaar des 9. Segmentes stark reduziert, die übrigen vier Gonapophysen sind kurz und sehr kräftig sklerotisiert, die sehr beweglichen Legeklappen der Caeliferen bilden einen Legebohrer.

Entwicklung

Die Entwicklung der Heuschrecken ist eine unvollkommene Metamorphose vom paurometabolen Typus. Unvollkommen deswegen, weil im Gegensatz zu den Insekten mit vollkommener (holometaboler) Entwicklung ein Puppenstadium in ihrer postembryonalen Entwicklung fehlt. Der paurometabole Entwicklungstypus der Insekten ist durch imaginiforme Larven gekennzeichnet. Das heißt, die aus den Eiern schlüpfenden Larven sind der Imago bereits in der Gestalt sehr ähnlich und besitzen dessen volle Segmentzahl.
Wodurch unterscheiden sich nun die Larven von den Imagines? Nun, in erster Linie einmal durch die Körpergröße und den Ausbildungsgrad einiger Orga-

ne, so der Flügel und Gonaden. Die Heuschreckenlarven absolvieren eine Anzahl von Larvenstadien, der Übergang von einem Stadium ins nächste erfolgt mit einer Häutung. Die Häutungen sind notwendig und ermöglichen den Tieren das Heranwachsen, das Chitinskelett der Insekten läßt ein Wachstum ja nur beschränkt zu. Mit jeder Häutung werden die Larven größer und den Imagines ähnlicher, die Anlagen von Flügeln und Geschlechtsorganen immer deutlicher und differenzierter. Die Larvalentwicklung wird schließlich mit der Imaginalhäutung, das ist die Häutung zum erwachsenen, geschlechtsreifen Tier, beendet. Sofern die Art flugfähig ist, können die Imagines nun im Gegensatz zu den Larven fliegen, die voll ausgebildeten Flügel setzen die Männchen in die Lage, ihr Gezirpe (Stridulation) aufzunehmen und sich mit den Weibchen zu paaren. Die Geschlechtsorgane der Weibchen beginnen mit der Eiproduktion, und der Legeapparat (Ovipositor) wird mit der Imaginalhäutung ebenfalls funktionsfähig.

Die Individualentwicklung (Ontogenese) beginnt bereits vor der Eiablage mit der Befruchtung der Eier nach der Begattung. Bei fast allen Heuschrecken ist ein erfolgreicher Abschluß der Eientwicklung (Embryonalentwicklung) nur bei befruchteten Eiern möglich, eine fehlende Befruchtung ist mit einer sehr hohen Sterblichkeit (Mortalität) der Eier verbunden.

Zwei Arten bilden da eine Ausnahme, bei ihnen ist die Jungfernzeugung (Parthenogenese) die normale Art der Fortpflanzung und Eientwicklung.

Dies ist die Sägeschrecke (*Saga pedo*), die sich in Mitteleuropa ausschließlich parthenogenetisch fortpflanzt. Von dieser Art gibt es bei uns nur Weibchen, es ist dies die größte einheimische Heuschrecke und wahrscheinlich eines unserer größten Insekten überhaupt. Interessanterweise pflanzt sich auch die mit Abstand kleinste bei uns vertretene Form, die winzige Ameisengrille, ebenfalls parthenogenetisch fort. Die Sägeschrecke weist auch einen größeren, tetraploiden Chromosomensatz auf, die anderen Heuschrecken besitzen einen normalen, diploiden Satz von Chromosomen. Die Chromosomenzahlen sind sehr unterschiedlich und können auch innerhalb der Familien und Gattungen stark schwanken.

Während der Legeperiode produzieren die Weibchen der meisten einheimischen Heuschrecken mindestens 30, meist aber zwischen 100 und 300 Eier. Die Aussichten eines Eies, sich bis zum geschlechtsreifen Tier entwickeln zu können, sind gering. Nur etwa 2% der abgelegten Eier erreichen das Imaginalstadium, rund 98% der Eier sterben während der Ei- oder spätestens während der Larvalentwicklung aus den verschiedensten Gründen ab. Der hohe Ausfall ist keinesfalls als Verschwendung der Natur anzusehen. Ganz im Gegenteil, dies ist vom Aufwand her die einfachste Weise, den Arterhalt zu sichern. Wie man sich leicht ausrechnen kann, reichen etwa 2% von 100 abgelegten Eier völlig zur Aufrechterhaltung des Artbestandes aus. Treten bessere Umweltbedingungen ein, so hat die Art eine beträchtliche Reserve zur Vergrößerung der Population parat. Wie fatal diese Fähigkeit für den Menschen werden kann, wird auf S. 48 ff. am Beispiel der Wanderheuschrecken näher behandelt.

Die allermeisten Heuschreckeneier sind zylindrisch-rund, etwas gebogen mit kappenförmigen Enden, die Eier einiger Arten sind elliptisch geformt und stark abgeflacht (so z. B. bei den Sichelschrecken der Gattung *Phaneroptera* und den Zartschrecken der Gattung *Leptophyes*). In einem großen Dotterkörper, der von einer Dotterhaut (Serosa) begrenzt wird, liegt der Eikern oder Keim. Die Dottersubstanz wird während der Eientwicklung zur Bildung des Heuschreckenembryos verbraucht und aufgezehrt.

Die Embryogenese ist von einem ganzen Faktorenkomplex abhängig, überaus wichtig sind Feuchtigkeit in Form von Kontaktwasser und die in diesem Zeitraum einwirkenden Temperaturen. Die Eientwicklung erfolgt erst ab einer bestimmten Mindesttemperatur, die als Entwicklungsnullpunkt bezeichnet wird. Ausschlaggebend für die Embryogenese ist die Temperatursumme, das ist das Produkt aus Zeit und vorherrschenden Temperaturen während der Keimesentwicklung. Die jeweils nötige Temperatursumme wird bei hohen Temperaturen rascher erreicht als bei niedrigen, je näher die Temperaturen beim Entwicklungsnullpunkt liegen, desto langsamer schreitet die Keimesentwicklung voran.

Die Embryonalentwicklung vieler Heuschrecken enthält in irgendeiner Form eine Ruhe- oder Dormanzphase, während der die Keimesentwicklung ruht. Dies ist meist die Zeit, in der die Heuschreckeneier das in unseren Breiten für sie sehr ungastliche Winterhalbjahr überdauern. Diese Ruhepause kann nun streng an eine bestimmte Entwicklungsstufe des Embryos gebunden sein und für die ordnungsgemäße Abwicklung der Embryogenese erforderlich sein. Man spricht dann von einer Diapause der Eier, die auch dann aufrechtbleibt, wenn die Temperaturen über dem jeweiligen Entwicklungsnullpunkt liegen. Auf einzelne Zusammenhänge bei der Eidiapause soll hier nicht weiter eingegangen werden, bei der Steuerung dieser Ruhepause sind z. T. recht komplexe Einflüsse im Spiel. Die Eier mancher Arten tendieren zu einer direkten Entwicklung ohne Ruhepause in Form einer Diapause, hier sorgen die kalten Wintermonate durch das Unterschreiten des Entwicklungsnullpunktes für einen Stillstand der Keimesentwicklung. Die Unterscheidung in diapausierende und nichtdiapausierende Arten hat aber nicht absoluten, sondern mehr quantitativen Charakter. So können z. B. die Arten mit regelmäßiger Eidiapause in geringem Prozentsatz auch Eier mit direkter Entwicklung legen. Es ist auch möglich, daß ein Bruchteil der Eier ein Jahr überliegt und erst im folgenden Jahr die Eientwicklung absolviert.

Das Zusammenspiel all dieser Faktoren, Entwicklungsnullpunkt, direkte Entwicklung, Diapause, Feuchtigkeit, Temperatursummen usw., synchronisiert die Keimesentwicklung und stellt das Schlüpfen der Erstlarven in einem klimatisch günstigen Jahresabschnitt sicher. Die biologische Bedeutung der verschiedenen Entwicklungsmöglichkeiten liegt in einer zusätzlichen Absicherung des Artbestandes gegenüber möglichen ungünstigen Umweltbedingungen.

Die Embryonalentwicklung selbst umfaßt etliche Phasen, die mit Verschiebungen und Lageveränderungen des heranwachsenden Keimes innerhalb des Eies verbunden sind. Nacheinander entstehen die Segmente des Heuschreckenkörpers, es folgt die Differenzierung der einzelnen Organe, und am Ende der Embryogenese wird die Schlüpfreife zur Larve erreicht.

Für den Schlüpfzeitpunkt ist der Klimacharakter des Frühjahres ausschlaggebend. In diesem Zeitabschnitt wird der wichtigste Teil der Embryonalentwicklung abgeschlossen und die Schlüpfreife erreicht. Kühles, regnerisches Frühjahrswetter vermindert die Entwicklungsgeschwindigkeit und führt zu einer zeitlichen Verschiebung des Schlüpfens. So eine Verspätung der Erstlarven kann gegenüber Jahren mit schönem Frühjahrswetter bis zu zwei Wochen ausmachen, ähnlich wirken sich auch großklimatische Unterschiede bei verschieden gelegenen Biotopen aus. Umfaßt das Verbreitungsareal einer Art einen größeren Bereich, so schlüpfen die Larven dieser Art im Süden früher als im Norden, in Tallagen früher als in Berglagen. Auch bei erreichter Schlüpfreife können kurzfristige Schlechtwettereinbrüche das Schlüpfen noch verzögern. Derartige Wettersituationen im Frühjahr führen dann zu einem Summationseffekt: Während die bereits schlüpfreifen Eier das Schlüpfen hinauszögern, erreichen in der Entwicklung nachhinkende Eier ebenfalls die Schlüpfreife. Geht der Schlechtwettereinbruch dann zu Ende, so kommt ein erhöhter Anteil an Erstlarven aus den Eiern. Derartige Verzögerungen werden gewöhnlich mit einer rascheren Larvalentwicklung wieder wettgemacht. Der Zeitpunkt, zu dem die Tiere das Imaginalstadium erreichen, wird davon nur wenig beeinflußt.

Mit dem Schlüpfakt treten die Embryonen in das Larvalstadium ein. Das Schlüpfen selbst ist eine recht mühselige Angelegenheit für die Larven. Gilt es doch, die bis jetzt schützende und nunmehr hemmende Eischale zu durchbrechen und abzustreifen. Verschiedene Einrichtungen erleichtern diesen kräfteraubenden Vorgang. Die meisten Eier nehmen am Ende der Embryonalentwicklung sehr viel Wasser aus der Umgebung auf, so daß die Eischale unter einem erhöhten Innendruck steht. Dies erleichtert das Sprengen der Schale, da ein kleiner Riß bereits zum Platzen führt. Etliche Arten bilden auf der Stirn eine kleine Leiste von Eizähnen (Oviruptoren) aus, die zum Öffnen der Eischale dienen. Viele andere verfügen über eine sehr dehnbare Nakkenhaut zwischen Kopf und Halsschild, die mit Körperflüssigkeit zu einer Druckblase aufgepumpt werden kann. Bis es zum Platzen der Eischale kommt, ist allerdings ein beträchtlicher Kraftaufwand des schlüpfendes Tie-

Bild 4. Schlüpfakt der Blauflügeligen Ödlandschrecke (Oedipoda caerulescens). Die schlüpfreife Larve hat die Eischale gesprengt und beginnt sie zu verlassen.

Bild 5. Schlüpfakt der Blauflügeligen Ödlandschrecke (Oedipoda caerulescens). Die Larve arbeitet sich mit peristaltischen Bewegungen weiter aus der Eischale heraus.

Bild 6. Schlüpfakt der Blauflügeligen Ödlandschrecke (Oedipoda caerulescens). Die noch wurmförmige (vermiforme) Larve streift die Wurmhaut (weißlich) ab.

Bild 7. Schlüpfakt der Blauflügeligen Ödlandschrecke (Oedipoda caerulescens). Die Oedipoda-Erstlarve hat Eischale und Wurmhaut verlassen. Die Färbung wird sich innerhalb einer Stunde in Grauschwarz verändern.

res notwendig. Unter rhythmischen Körperkontraktionen winden und krümmen sich die Embryonen so lange im Ei, bis dieses irgendwo platzt. Betrachtet man schlüpfende Eier mit freiem Auge, so scheinen diese förmlich zu pulsieren. Die Anstrengungen sind so groß, daß ein Teil der Larven zu erschöpft ist, um das nächste Hindernis auf ihrem Lebensweg – das Verlassen des Eies – zu schaffen. Diese Tiere verenden bereits in der mühsam gesprengten Eischale, die kräftigeren Larven können sich mit peristaltischen Bewegungen aus dieser herausarbeiten. Wenn man nun glaubt, jetzt habe sozusagen das „Säuglingsalter" einer Schrecke begonnen, so irrt man sich. Die frisch geschlüpfte Larve muß noch eine weitere Hürde nehmen. Die Larve ist noch „wurmförmig" (vermiform), d. h. von einer dünnen, den ganzen Körper umhüllenden Haut umgeben. Erst wenn diese Haut – ebenfalls unter heftigem Drehen und Winden des Körpers – abgestreift ist, hat die Larve glücklich das 1. Larvenstadium erreicht. Bei den Grillen erfolgt das Abstreifen dieser Haut in einem Zuge mit dem Verlassen der Eischale, bei den Caeliferen geschieht dies unmittelbar danach. Die Bilder 4 bis 7 zeigen die wichtigsten Phasen des Schlüpfaktes einer jungen Blauflügeligen Ödlandschrecke (*Oedipoda caerulescens*). Der ganze Schlüpfakt vom Beginn der Kontraktionsbewegungen im Ei bis zum Abstreifen der „Wurmhaut" dauerte mehr als eine halbe Stunde. In Bild 6 ist dieses Häutchen, etwas zusammengerollt und gefaltet, als weißlicher Überzug auf der Junglarve zu sehen. Direkt nach dem Schlüpfen verharren viele Heuschreckenlarven kurze Zeit ohne besondere Aktivität, die Junglarven der räuberischen Gottesanbeterin (*Mantis religiosa*) zerstreuen sich allerdings sofort. In Gefangenschaft, wo dies nur beschränkt möglich ist, kann Kannibalismus unter diesen Larven auftreten. Die meisten frisch geschlüpften Heuschreckenlarven dürften sich nach einer kurzen Erholungspause ebenfalls zerstreuen, ein längeres Zusammenbleiben der Larven ist nur von der Maulwurfsgrille (*Gryllotalpa gryllotalpa*) bekannt.

Die Junglarve gleicht der Imago bereits in der Gestalt, neben der geringeren Körpergröße weisen die Larven andere Proportionen der Körperteile auf als die Imagines. Kopf und Brust sind relativ groß, der Hinterleib ist im Vergleich zu den Imagines verkürzt, er enthält ja bei den Larven noch nicht die z. T. recht umfangreichen Geschlechtsorgane der Imagines. Der äußerlich auffälligste Unterschied zwischen Larven und Imagines ist bei den Flügelanlagen zu bemerken. Die kleinen Flügelanlagen liegen verkehrt dem Körper an. Der Unterrand der Flügel liegt bei Larven oben, und die Anlagen der größeren Hinterflügel bedecken weiter außen liegend die kleineren Deckflügel. Eine genauere Betrachtung der Flügel gibt auf jeden Fall darüber Aufschluß, ob man eine kurzflügelige Imago oder eine Larve vor sich hat. Dies ist die sicherste und untrüglichste Möglichkeit, Larven und Imagines voneinander zu unterscheiden. Eine weitere, gute Unterscheidungsmöglichkeit ist bei den Weibchen der Ensiferen gegeben. Die Legeröhre ist bei jungen Larven nur ein kleines, kaum wahrnehmbares Höckerchen, hier fällt unter Umständen sogar das Auseinanderhalten von Männchen und Weibchen schwer. Bei älteren Ensiferenlarven gibt es aber keine Zweifel mehr, die spätere Legeröhre ist bereits als deutlicher Fortsatz am Hinterleib erkennbar.

Die Larven wachsen nun heran, häuten sich von Zeit zu Zeit und werden mit jeder Häutung den Imagines ähnlicher. Die Zahl der absolvierten Häutungen ist verschieden, die meisten Caeliferen weisen fünf Larvalhäutungen auf, die Laubheuschrecken sechs bis sieben, die Grillen acht bis neun. Die frühere Annahme, daß die gewöhnlich deutlich größeren Weibchen eine Häutung mehr durchmachen als die kleineren Männchen, hat sich zumindest für den Großteil der heimischen Heuschrecken nicht bestätigt. Als Eigenart der Ensiferen muß erwähnt werden, daß diese die alte Larvenhaut, die Exuvie, nach der Häutung auffressen.

Die Larvalentwicklung wird mit der Imaginalhäutung des letzten Larvenstadiums, das gelegentlich auch als Nymphenstadium bezeichnet wird, abgeschlossen.

Zur Häutung suchen die Schrecken eine feste Unterlage auf, wo sie sich mit den Krallen der Tarsen verankern können. Sie bevorzugen dazu überhängende oder senkrechte Stellen, wo die Häutung leichter vor sich gehen kann. Eine bevorstehende Häutung ist auch rein äußerlich erkennbar, einige Stunden davor heben sich die sonst dem Körper eng anliegenden Flügelanlagen und stehen etwas ab. Am Beispiel der Imaginalhäutung des Warzenbeißers (*Decticus verrucivorus*) soll hier etwas näher auf den Häutungsvorgang eingegangen werden.

Sobald sich die Larve mit den Krallen fest verhakt hat, beginnt die Häutung mit der teilweisen Auflösung der alten Körperdecke, der Kutikula. Ab diesem Zeitpunkt ist das Tier nicht mehr bewegungsfähig. Die einschichtige Oberhaut, die Epidermis, beginnt mit der Absonderung eines speziellen Häutungshormons, dem Ecdyson. Die von der Oberhaut früher gebildete harte Kutikula wird von diesem Häutungshormon angegriffen und erweicht. Durch gleichzeitige Abscheidung einer weiteren Häutungsflüssigkeit, der Exuvialflüssigkeit, wird die alte, zu klein gewordene Kutikula von der neuen Kutikula abgehoben. Das Ablösen der alten Kutikula betrifft nicht nur die gesamte Körperoberfläche, sondern auch alle Einstülpungen der Oberhaut in den Körper. Dies ist etwa im Bereich der Vorder- und Enddarms, der Tracheen und bei den Muskelansatzstellen der Fall. Die Auf- und Ablösung der Muskelansatzstellen und Sehnen bedingt die äußere Bewegungsunfähigkeit einer sich häutenden Schrecke, in diesem Zeitraum sind die Tiere außerordentlich verletzlich und störungsanfällig.

Die alte Kutikula platzt schließlich an vorgeformten Bruchlinien auf der Oberseite von Kopf und Brust auf. Zu diesem Zweck pumpt die Schrecke Körperflüssigkeit in die Brust und schluckt auch Luft, um mit einer möglichst aufgeblähten Brust das Platzen der alten Kutikula zu erreichen. Ist die alte Haut einmal geöffnet, so kann sich das Tier mit peristaltischen Körperbewegungen herausschieben. Sofern sich die Schrecke vor der Häutung an einer überhängenden Struktur befestigt hat, hilft nun die Schwerkraft mit, die Exuvie zu verlassen. Sobald die Schrecke der alten Larvenhaut entstiegen ist, klammert sie sich an der nächstgelegenen Struktur an. Die noch weiche, neu gebildete Kutikula wird nun durch Aufblähen und Aufpumpen des ganzen Körpers soweit wie möglich gedehnt. Die flugfähigen Formen entfalten jetzt die Flügel und bringen diese durch Einpumpen von Luft und Blut auf ihre endgültige Form. Den Abschluß der Häutung bildet eine Phase, während der die neue Körperdecke durch abgesonderte Gerbstoffe der Oberhaut ausgehärtet wird. Die bei der Häutung meist bläßlichen Tiere bekommen nun auch ihre jeweilige Körperfärbung.

Die Bilder 8 bis 11 zeigen die wichtigsten Phasen der Imaginalhäutung eines Warzenbeißers vom Aufplatzen der Exuvie bis zum Aufpumpen der Flügel. Wie weich und biegsam die neu gebildete Kutikula noch ist, zeigt Bild 10 sehr schön. Man beachte den geknickten, weil weichen Hinterschenkel des Tieres! In Bild 11 ist der Hinterschenkel bereits wieder gestreckt und in seiner richtigen Form. Während und unmittelbar nach der Häutung sind die Heuschrecken überaus empfindlich gegen mechanische Einwirkungen. Bei Absturz vom Häutungsplatz können irreparable Mißbildungen der weichen und noch verformbaren Körperdecke entstehen. Da die Imaginalhäutung die letzte im Heuschreckenleben ist, sind derartig erlittene Schäden dauerhaft. Auf diese Weise verbogene Beine können die Fortbewegung schwer beeinträchtigen und solch ein Tier zu einer leichten Beute für Räuber machen. Flügelmißbildungen können die Zirpunfähigkeit bei Männchen im Gefolge haben, verunstaltete Legeröhren können bei Weibchen unter Umständen die Eiablage verhindern.

Der gesamte Häutungsvorgang dauert zudem noch relativ lange. Vom Aufhängen zur Häutung bis zum Platzen der Exuvie sind bei dem abgebildeten Tier etwa 35 Minuten verstrichen, etwas schneller ging dann das Verlassen der alten Larvenhaut vor sich. Nach ungefähr einer weiteren Stunde waren die Körperdecke und die Flügel so weit ausgehärtet, daß die Flügel zusammengefaltet werden konnten. Bis die neue Kutikula die normale Festigkeit gewinnt, können noch weitere Stunden vergehen.

Sobald die neue Körperdecke genügend ausgehärtet ist, sind die flugtüchtigen Arten in der Lage zu fliegen; bei vielen Arten fangen bald darauf die Männchen zu zirpen an. Bei den Larven ist eine Stridulation wegen der verkehrten Lage und der Ausbildung der Flügelanlagen ja unmöglich. Die Flügel drehen sich erst mit der Imaginalhäutung in die richtige Lage und machen die

Bild 8–11. Imaginalhäutung eines Warzenbeißer-Männchens (Decticus verrucivorus).
Links außen: Die häutungsreife Letztlarve (Nymphe) hat sich zur Häutung verhakt.
Links innen: Die alte Larvenhaut (Exuvie) ist an Kopf und Brust geplatzt, das Tier schiebt sich heraus.
Rechts innen: Das Tier hat die Exuvie fast verlassen, man beachte den geknickten, weil noch weichen Hinterschenkel!
Rechts außen: Das Tier ist aus der Exuvie herausgeklettert und bringt durch „Pumpen" die Flügel in seine endgültige Form (siehe Text!).

Männchen damit zirpfähig. Nach einer kurzen, ungefähr einwöchigen Reifezeit der inneren Geschlechtsorgane sind die Schrecken zur Fortpflanzung bereit.

Sinnesfähigkeiten

Bei so mobilen Tieren wie den Heuschrecken überrascht es nicht, daß ihre Orientierung überwiegend mit den Augen erfolgt. Die kalottenförmigen Komplexaugen bestehen aus einer Vielzahl von Einzelaugen (Ommatidien). Bei den tagaktiven Formen erfaßt jedes Ommatidium einen Sehwinkel zwischen 1 und 3°, das zusammen erfaßte Gesichtsfeld eines Komplexauges entspricht vertikal einem Winkel von 180°, horizontal etwa einem Winkel von 300°, im vorderen Sehbereich überlappen sich die Gesichtsfelder beider Augen. Die Einzelbilder entstehen auf einer stark gewölbten Netzhaut, die bei den meisten Arten auch fähig sein dürfte, Farben zu unterscheiden. Das Gesamtbild ist rasterförmig zusammengesetzt, die Sehschärfe soll bei den guten Fliegern, die das beste Sehvermögen aufweisen, bis etwa 30 Meter reichen.
Während das räumliche Auflösungsvermögen von der Augenkonstruktion her

begrenzt ist, ist das zeitliche Auflösungsvermögen durch die hohe Verschmelzungsfrequenz der Sehnerven und entsprechenden Hirnteile außerdentlich gut. Die Verschmelzungsfrequenz des menschlichen Auges z. B. liegt bei 20 bis 50 Reizen pro Sekunde, diese Tatsache nützen alle Laufbildmedien wie Kino und Fernsehen zur Bilddarbietung aus. Gut fliegende Insekten besitzen sehr hohe Verschmelzungsfrequenzen des optischen Wahrnehmungsapparates. Sie erreichen teilweise mehr als das 5fache der menschlichen Verschmelzungswerte, nämlich bis zu 300 Reize pro Sekunde. Die Stärke der Komplexaugen von Insekten liegt daher weniger im exakten, räumlichen Sehen auf größere Distanzen, als in der überaus guten Bewegungswahrnehmung auf kurze Distanzen. Für die rasche und rechtzeitige Durchführung von Fluchtmanövern ist diese Sehweise sehr günstig, für die räumliche Wahrnehmung auf kürzere Distanzen ist das Auflösungsvermögen der Komplexaugen ausreichend. Die Stirnaugen sind nicht zu Bildwahrnehmung fähig, sie besitzen jedoch großen Einfluß auf die Wahrnehmungsleistungen der Komplexaugen. Sie arbeiten als Strahlungsempfänger und sind über entsprechende Nerven mit den Hauptaugen funktionell verschaltet.

Gleichfalls sehr gut ist der Gehörsinn der Heuschrecken, Hörorgane sind gleich den Zirporganen auf unterschiedliche Weise bei Ensiferen und Caeliferen entstanden. Das Gehörorgan der Ensiferen liegt in einer Verdickung der Vorderschienen, Bild 12 zeigt die spaltförmigen Höröffnungen eines Zwitscher-Heupferdes (*Tettigonia cantans*). Das Gehörorgan der Caeliferen entstand auf den Seiten des 1. Hinterleibringes; Bild 13 zeigt die abdominale Höröffnung einer Wanderheuschrecke (*Locusta migratoria*).

Das akustische Wahrnehmungsvermögen der Schrecken ist in hohen Frequenzbereichen besser als in tiefen; teilweise hören die Heuschrecken, insbesondere die Ensiferen, bis weit in den Ultraschallbereich jenseits von 20 kHz hinein. Bei Grillen liegt die obere Hörgrenze bei etwa 7 kHz, bei Feldheuschrecken um die 12 kHz. Die Hörgrenze der Laubheuschrecken liegt wesentlich höher, beim Großen Grünen Heupferd (*Tettigonia viridissima*) ist nach-

gewiesen worden, daß es Frequenzen bis in den Bereich von 90 kHz registriert. Die Schallempfindlichkeit ist relativ niedrig, in dieser Hinsicht hören Wirbeltierohren besser. Zur einwandfreien Wahrnehmung sind daher hohe Schallintensitäten notwendig, von der Lautstärke her hören die Laubheuschrecken am besten, die Feldheuschrecken besser als die Grillen.

Die paarigen Gehörorgane ermöglichen auch ein Orten von Schallquellen. Diese Fähigkeit gestattet paarungslustigen Weibchen ein gezieltes Aufsuchen von stridulierenden Männchen.

Bild 12 (links). Ensiferen-Gehöröffnung auf der Schiene des Vorderbeines beim Zwitscher-Heupferd (Tettigonia cantans).

Bild 13 (unten). Caeliferen-Gehöröffnung auf der Seite des 1. Hinterleibsringes bei der Wanderheuschrecke (Locusta migratoria).

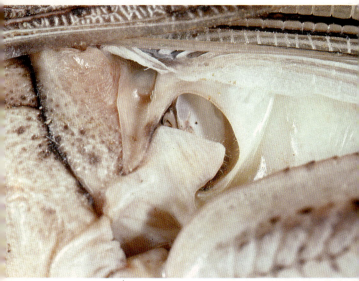

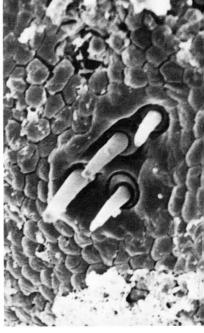

Bild 14. Rasterelektronenmikroskopische Aufnahme einer Sinneszellengruppe (Stifte) am Fuß (Tarsus) des Großen Grünen Heupferdes (Tettigonia viridissima).

Die Schrecken richten ihren Körper so aus, daß die Gehörorgane gleiche Schalleindrücke bekommen. Dies ist dann der Fall, wenn der Körper genau in die Richtung der Schallquelle weist. Die Weibchen verfolgen dann einfach die Richtung der Körperlängsachse, bei Abweichungen wird ein neuerliches Ausrichten auf die Schallquelle notwendig. Die Ensiferen bewegen dazu ihre Tibien kreisförmig vor dem Körper, die Caeliferen müssen die Korrektur mit dem ganzen Körper durchführen. Verstummt das Männchen aus irgendeinem Grunde, so fehlt die Orientierung, und die Annäherung wird unterbrochen. Sehr oft bewegen sich die Weibchen in einem Zickzackkurs und nicht geradlinig auf ein zirpendes Männchen zu.

Neben gutem Sehvermögen und Gehör verfügen die Heuschrecken noch über andere, sehr leistungsfähige Sinnesorgane, die hier nur ganz kurz erwähnt werden können.

Die unterhalb der Knie in den Schienen gelegenen Subgenualorgane sprechen auf geringste Vibrationen und Erschütterungen an. Die Empfindlichkeit dieser Sinnesorgane übertrifft die menschliche Wahrnehmungsfähigkeit in dieser Richtung um fast das 1000fache!

Die reichlich mit Sinneszellen versehenen Fühler sind der Sitz des Tastsinnes, besitzen aber auch Geruchsvermögen. Zum Tasten können auch die Beine und die bei einigen Arten sehr langen Cerci herangezogen werden. Der Geruchs- und Geschmackssinn ist auf Antennen und Mundwerkzeugen lokalisiert, hier sind die entsprechenden Rezeptoren sehr dicht massiert. Praktisch auf der gesamten Körperoberfläche lassen sich die unterschiedlichsten Sinneszellen feststellen, Bild 14 zeigt in sehr starker Vergrößerung eine Gruppe von Sinnesstiften auf der Fußunterseite einer Schrecke.

Lauterzeugung

Die Erzeugung von Schall- und Vibrationssignalen ist bei Insekten weiter verbreitet, als gemeinhin angenommen wird. Etliche Insekten benötigen dazu nicht einmal eigene Organe, wie z.B. die im Holz lebenden, schädlichen Klopfkäfer aus der Familie der Anobiidae. Sie erzeugen ihre Klopfsignale einfach durch Aufschlagen mit dem Kopf und Halsschild. Ähnliche Geräusche ruft auch eine Holzlaus (Ordnung Psocoptera, Familie Trogiidae) durch Aufschlagen des Hinterleibs hervor. Beide Tiere, Klopfkäfer wie Holzlaus, sind dem Volksmund seit langem unter der Bezeichnung „Totenuhr" bekannt. Das Klopf- bzw. Stampfprinzip zur Lauterzeugung ist denn auch bei bestimmten Heuschreckenarten zu finden.

Bei Stridulationsorganen haben die Insekten zwei unterschiedliche Funktionsprinzipien zur Schallerzeugung verwirklicht. Das eine ist das Membranprinzip, bei dem eine Schallmembran durch Muskelkraft verformt wird und durch ihre Elastizität wieder in ihre Ausgangslage zurückspringt. Dies funktioniert so wie bei einem etwas gewölbten, dünnen Blechdeckel, den man sich mit dem Finger eindrückt und wieder zurückschnappen läßt. Nach diesem Prinzip ist das Stridulationsorgan der Zikaden aufgebaut, die mit dieser Art der Schallerzeugung dem ganzen Mittelmeerraum die charakteristische Geräuschkulisse verleihen.

Die zweite, bei den Insekten wesentlich verbreitetere Möglichkeit ist das Streichprinzip. In allen Fällen wird eine Schrillkante (Plektrum) über eine regelmäßig strukturierte Schrillfläche (Pars stridens) gerieben oder gestrichen. Diese Weise der Lauterzeugung kann man sich sehr leicht verdeutlichen, indem man mit dem Fingernagel rasch über die Zahnseite eines Kammes fährt. Die entsprechenden Teile des Stridulationsapparates können bei Insekten an allen möglichen Körperteilen liegen.

Die Fähigkeit zur Lauterzeugung nach dem Streichprinzip entstand bei den Heuschrecken gleich zweimal unabhängig auf unterschiedliche Weise. Ihre Lautäußerungen sind gegenüber denen anderer Insekten, die nach dem gleichen Prinzip Laute erzeugen, wie z. B. Käfer oder Wanzen, wohl auch am deutlichsten und genausowenig zu überhören wie das Gezirpe der Zikaden.

Die Schallerzeugung steht im Dienste der Fortpflanzung, in erster Linie ist dabei das männliche Geschlecht mit Werbe- und Lockgesängen aktiv. An der Lauterzeugung sind stets die Flügel in irgendeiner Weise beteiligt, selbst bei Arten mit rückgebildeten Flügeln sind zumindest bei den Männchen noch Flügelreste mit dem funktionsfähigen Zirporgan vorhanden. Eine Ausnahme bei den Ensiferen bilden die Höhlen- und Gewächshausschrecken (Gattungen *Troglophilus, Tachycines*) mit total reduzierten Flügeln; diese Schrecken können überhaupt nicht zirpen. Bei ihnen übernehmen ein ausgeprägter Tastsinn und z. T. Duftdrüsen der Männchen die Aufgabe der Geschlechterfindung. Ebenfalls nicht zirpen können die Eichenschrecken (Gattung *Meconema*), ihnen fehlt auf den wohl vorhandenen Flügeln die Ausbildung des Zirporgans. Sie sind aber bei der Geschlechterfindung keinesfalls stumm, sie halten sich an das schon erwähnte Klopf- bzw. Stampfprinzip. Die Männchen der Eichenschrecken bekunden ihre Paarungsbereitschaft durch Trommelgeräusche, die sie durch Aufstampfen mit den Hinterfüßen auf die Unterlage erzeugen.

Bei den Caeliferen sind die Dornschrecken (*Tetrigidae*) stumm, von ihnen sind weder Gehör- noch Zirporgane bekannt. Die Knarrschrecken (*Catantopidae*) haben eine andere Form einer leisen Lauterzeugung gefunden, sie knirschen mit den Kiefern (Mandibellaute).

Die Grillen und Laubheuschrecken zirpen ausschließlich mit den Flügeln, Schrillkante und Schrillfläche werden jeweils von einem Deckflügel gebildet. Die Ausbildung der Deckflügel zum Stridulationsorgan ist bei Grillen und Laubheuschrecken aber etwas unterschiedlich.

Linker und rechter Deckflügel der Grillen sind gleich ausgebildet, ihr Stridulationsorgan ist symmetrisch aufgebaut. Zum Zirpen werden die Deckflügel etwas angehoben und sehr rasch gegeneinander gerieben. Das Anheben der Deckflügel erleichtert die Stridulationsbewegung, außerdem fungieren die Deckflügel als Schalltrichter. Die Männchen unserer Feldgrille (*Gryllus campestris*) sitzen beim Zirpen gerne verkehrt, d. h. mit dem Kopf zum Eingang, vor ihrer Wohnröhre. Der Stridulationsschall wird so besser nach außen abgestrahlt, und die Tiere können bei Störung ohne Körperwendung in ihr Versteck flüchten. Die Grillen-Männchen können in Ruhestellung ihre Deckflügel beliebig übereinander geschlagen haben, durch den symmetrischen Bau des Stridulationsorganes tut dies der Zirpfähigkeit keinen Abbruch. Bei den Männchen der Maulwurfsgrille (*Gryllotalpa gryllotalpa*) liegt mal der linke Deckflügel auf dem linken, mal umgekehrt. Die meisten Grillen bevorzugen aber einen der beiden Deckflügel als den obenliegenden.

Die Männchen der Laubheuschrecken legen hingegen stets den linken auf den rechten Deckflügel, ihr Stridulationsorgan ist asymmetrisch aufgebaut. Die Schrillkante wird durch die Unterseite des basalen Teils des linken Deck-

Bild 15. Basale Deckflügelbereiche vom Zwitscher-Heupferd (Tettigonia cantans). Man beachte die Schrillader am linken und die membranöse „Spiegelzelle" am rechten Flügel! (siehe Text!).

flügels gebildet, die Schrillfläche hingegen vom rechten Deckflügel. In Bild 15 ist die ungleiche Ausbildung des Stridulationsorgans vom Zwitscher-Heupferd (Tettigonia cantans) ersichtlich. Auffallend und typisch ist die sogenannte „Spiegelzelle" des rechten Deckflügels. Das ist eine dünnhäutige Membran, die von einer starken Flügelader umrahmt wird und der Schallverstärkung dient. Beim Zirpen heben die Laubheuschrecken wie die Grillen die Deckflügel etwas an, dies ist für alle stridulationsfähigen Ensiferen charakteristisch. Der Schall entsteht wie bei den Grillen durch sehr rasches Öffnen und Schließen der Deckflügel, den Hauptschrillton erzeugt das Flügelschließen. Die geringen Streichwege und die geringe, bewegte Masse der Deckflügel lassen den Gesang der Ensiferen sehr rein klingen. Die Stridulationsfrequenzen liegen bei den Grillen zwischen 1,5 kHz und 5 kHz, bei den Laubheuschrecken zwischen 5 kHz und 12 kHz, einzelne Gesangsteile erreichen allerdings bedeutend höhere Frequenzen und sind für das menschliche Gehör nicht mehr wahrnehmbar.

Die Caeliferen haben auf andere und unterschiedliche Weise die Stridulationsfähigkeit erlangt. Bei der Unterfamilie der *Acridinae* (Grashüpfer im weitesten Sinn) wird die Schrillfläche von einer winzigen Zähnchenreihe an der Innenseite des Hinterschenkels gebildet, die Schrillkante liegt in Form einer scharfen Ader am Deckflügel. Die Unterfamilie der *Oedipodinae* (Ödlandschrecken) hat das Zirporgan genau umgekehrt ausgebildet: Bei ihnen bilden winzige Höcker auf einer Deckflügelader die Schrillfläche, während die scharfe Schrillkante am Hinterschenkel liegt. Der Effekt ist in beiden Fällen ähnlich: Durch rasches Reiben der Hinterschenkel gegen die Deckflügel werden die Stridulationslaute erzeugt. Der Stridulationsschall der Caeliferen umfaßt Frequenzen von 2 kHz bis 12 kHz, enthält einen höheren Anteil von Geräuschkomponenten und klingt unreiner und kratzender als der der Ensiferen. Hinsichtlich der Klangfarbe gibt es Unterschiede zwischen *Acridinae* und *Oedipodinae*, hier werden die unterschiedlich gelegenen Schrillflächen dieser beiden Unterfamilien hörbar. Die Stridulation der *Oedipodinae* (Schrillfläche auf den Deckflügeln) klingt rein, weich und melodisch, die der *Acridinae* (Schrillfläche auf den Hinterschenkeln) hat einen schabend-kratzenden Beiklang. Lautstärke und Stridulationshäufigkeit werden mehr von der Lebensform beeinflußt, die Pflanzenbewohner zirpen häufiger und meist wesentlich lauter als die leise und eher selten stridulierenden Bodenbewohner. Diese unterschiedlichen Zirpeigenheiten der Caeliferen sind aber wie gesagt mehr ökologischer als systematischer Natur, obwohl die meisten Pflanzenbewohner *Acridinae* und die meisten Bodenbewohner *Oedipodinae* sind. Die Männchen der Blauflügeligen Ödlandschrecke (*Oedipoda caerulescens*) z. B. stridulieren wie viele Bodenbewohner leise und nur kurz, wenn sie ein Weibchen bereits entdeckt haben. Die Männchen der Sumpfschrecke (*Mecosthetus grossus*), einer vegetationsbewohnenden *Oedipodinae*, zirpen hingegen wie viele *Acridinae* laut, oft und ausdauernd. Die Lautstärke der Stridulation steht wohl auch in Zusammenhang mit den akustischen Eigenschaften der Biotope, in reichhaltig strukturierten Pflanzenbeständen wird der Schall stärker gedämpft als in wenig strukturierten, vegetationsarmen Bereichen, die Weibchen von vielen bodenbewohnenden Arten können die leise Stridulation ihrer Männchen auch auf weitere Entfernung wahrnehmen. Die akustische Kontaktaufnahme spielt so bei den Pflanzenbewohnern eine größere Rolle als bei den Bodenbewohnern, deren Biotope günstigere Sicht- und Hörverhältnisse aufweisen.

Die Stridulationstätigkeit und damit der Klang werden stark von der Temperatur beeinflußt. Bei stark bewölktem Himmel und niedrigeren Temperaturen klingt das ganze Gezirpe einer Art langsamer und weicher als bei kräftigem Sonnenschein, diese etwas veränderte Stridulation wird als „Schattengesang" bezeichnet.

Für etliche Arten sind die Vorzugstemperaturen bekannt, bei denen die Männchen besonders gern stridulieren. Das hinsichtlich der Stridulation dämmerungs- und nachtaktive Große Grüne Heupferd (*Tettigonia viridissima*) zirpt am häufigsten bei Temperaturen zwischen 14° und 17°C, der tagaktive Warzenbeißer bevorzugt zum Zirpen Temperaturen um 24°C. Die Gesänge sind artspezifisch und werden nur von Angehörigen der eigenen Art „verstanden" und mit richtigen Reaktionen beantwortet. Der arteigene Gesang wird hauptsächlich durch seine rhythmische Gliederung (Länge, Zusammensetzung und Frequenz der Gesangsteile) erkannt, die jeweilige Gesangsform ist genetisch fixiert und erfolgt ohne Üben oder Nachahmen auf richtige Weise. Ein Männchen beherrscht kurz nach der Imaginalhäutung, sobald die Flügel ausgehärtet und stridulationsfähig sind, sofort die artspezifischen Gesangsformen. Die Stridulation bildet eine Verhaltensschranke, insbesondere bei nahe verwandten Arten. Einige Grashüpferarten der Gattung *Chorthippus* mit nur geringen morphologischen Unterschieden zwischen den Arten sind am leichtesten durch die Stridulation der Männchen auseinanderzuhalten. Für den Interessierten ist es nach kurzem Einhören möglich, viele Heuschreckenarten auch aus der Entfernung am Gesang zu unterscheiden.

Die Zahl der bekannten Gesänge ist bei den Heuschrecken außerordentlich groß, nur mit den Beschreibungen der vielfältigen Gesangsformen allein könnte man ein eigenes Buch füllen.

Die wichtigsten und häufigsten Gesänge sind der gewöhnliche Gesang, der Rivalengesang und der Werbegesang. Die Gesangsformen der Ensiferen und der *Oedipodinae* bei den Caeliferen sind einfacher und wesentlich weniger abgestuft als die der *Acridinae*, die über ein sehr weites und differenziertes Ausdrucksspektrum bei den Gesängen verfügen. Ensiferen wie *Oedipodinae* fehlen deutlich differenzierte Werbegesänge.

Der gewöhnliche Gesang entspricht einem akustischen Abtasten der Umgebung nach Artangehörigen und signalisiert gleichzeitig die Aktivitätsbereitschaft des stridulierenden Männchens. Vermenschlichend ausgedrückt könnte man sagen, daß ein zirpendes Männchen sich wohl fühlt, sich nach der Anwesenheit von Artgenossen erkundigt und seine Paarungsbereitschaft verkündet. Je nach der weiteren Situation, also Kontakt zu Männchen oder Weibchen, kann es dann zu Rivalengesang oder Werbegesang kommen. Der Rivalengesang ist lauter und gewöhnlich auch etwas rascher als die normale Stridulation, rivalisierende Männchen können teilweise aus Leibeskräften um die Wette zirpen. Gesangsform wie Reaktionen sind unterschiedlich, bei einigen Arten nähern sich rivalisierende Männchen einander, bei anderen Arten entfernen sie sich voneinander und verteilen sich so gleichmäßiger im Biotop. Beide Gesangsformen, gewöhnlicher Gesang und Rivalengesang, wirken auf paarungslustige Weibchen anlockend.

Der leisere Werbegesang der *Acridinae* leitet die Paarung ein, bei vielen Arten synchronisieren bestimmte Laut- und Bewegungsformen den Reaktionsablauf; z. T. können auch Wechselgesänge zwischen den Geschlechtern stattfinden.

Viele Arten zeigen bei der Stridulation eine beachtliche Ausdauer, die Männchen zirpen oft stundenlang und legen nur ab und zu eine kurze Pause ein. Sehr stridulationsfreudige Arten können auch durch artfremde Gesänge und sogar Geräusche zum Zirpen angeregt werden.

Bei einer ganzen Anzahl von Heuschrecken sind auch die Weibchen zu Lautäußerungen fähig, die allerdings nie das Ausmaß und die Bedeutung des Männchen-Gesanges erreichen. Meist signalisieren so die Weibchen den zirpenden Männchen ihre Anwesenheit und Paarungsbereitschaft.

Die zirpunfähigen Knarrschrecken (Familie *Catantopidae*) haben sich auf die Erzeugung von differenzierten Geräuschen durch Knirschen mit den Mandibeln verlegt. Diese unauffällige und sehr leise Art der Lauterzeugung wurde erst sehr spät entdeckt und dann auch bei anderen Vertretern der Caeliferen festgestellt.

Viele *Oedipodinae* können durch Flügelbewegungen schwirrende oder schnarrende Laute erzeugen. Der Rotflügeligen Schnarrschrecke (*Psophus stridulus*) hat diese Eigenschaft den Namen gegeben, die Männchen dieser Schrecke lassen ihr charakteristisches Schnarren vornehmlich während des Fluges ertönen.

Manche Heuschreckenarten wie z. B. die Sattelschrecke (*Ephippiger ephippiger*) erzeugen bei Bedrohung (etwa Anfassen) eigene Schreck- oder Abwehrlaute, die sich von den übrigen Lautäußerungen etwas unterscheiden; in ähnlicher, aber eigener Weise reagiert auch die Gottesanbeterin (siehe *Mantis religiosa,* Seite 154).

Fortbewegung

Die beiden vorderen Beinpaare der Heuschrecken sind Schreitbeine, die Hinterbeine sind zu schreitfähigen Sprungbeinen ausgebildet. Jede Beinhüfte (Coxa) ist kugelgelenksartig mit ihrem Brustsegment verbunden, die übrigen Beinelemente sind über Scharniergelenksbildungen bewegbar. Bei der Maulwurfsgrille und der Sägeschrecke haben die Vorderbeine Abwandlungen zu Grabbeinen bzw. Fangbeinen erfahren.

Die Fußglieder, die Tarsen, sind der sehr vielseitig einsetzbare Haft- und Greifapparat der Beine. Die Tarsen bilden eine funktionelle Einheit und stellen ein Greiforgan mit Klammer- und Haftfähigkeiten dar, das für die sichere Fortbewegung der Schrecken äußerst wichtig ist. Die Beschädigung oder der Verlust der Tarsen mindert die Manövrierfähigkeit eines Tieres fast so stark wie der Verlust des ganzen Beines. Die bei Heuschrecken meist 3- oder 4gliedrigen Tarsen tragen auf der Unterseite die oft paarigen Haftpolster, die Euplantulae. Das Endglied des Fußes, der Praetarsus, ist mit einem Paar Krallen (Ungues) und einem unpaaren Haftlappen, dem Arolium, versehen.

Die kräftigen und beweglichen Krallen dienen auf rauhen oder porösen Unterlagen zum Festklammern der Beine, die Krallenspitzen lassen sich selbst in winzigen Vertiefungen, Ritzen und dergleichen verankern und sorgen so für die Trittfestigkeit des Tieres auf rauhen Flächen.

Die Haftpolster ermöglichen vielen Heuschrecken eine sichere Bewegungsweise auf glatten Flächen. Die Haftfähigkeit vieler Arten ist so gut, daß die Schrecken auch auf senkrechten oder überhängenden Glasplatten mühelos klettern oder diese anspringen können, ohne von ihnen abzugleiten.

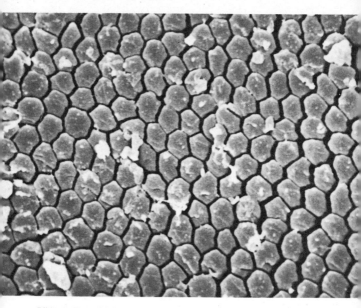

Bild 16. Rasterelektronenmikroskopische Aufnahme der Oberflächenfeinstruktur der Haftpolster (Euplantulae) vom Großen Grünen Heupferd (Tettigonia viridissima). Man beachte die regelmäßige, pflastersteinartige Oberflächenausbildung (siehe Text!).

Die Heuschrecken mit derartigen Kletterfähigkeiten reinigen ihre Tarsen oft und sorgfältig, beim Putzen werden die Haftpolster auch gut eingespeichelt. Die Haftfähigkeit beruht weitgehend auf der Adhäsion des Speichels, die Kapillarität des aufgetragenen Flüssigkeitsfilmes sorgt für den Halt der Tarsen auf glatten Flächen. Diesen Hafteffekt kann man sich sehr leicht mit zwei kleineren Glasplatten und etwas Speichel verdeutlichen. Man befeuchtet eine Glasplatte und drückt dann die andere fest auf diese auf. Bei ausreichendem Flüssigkeitsfilm kann man die beiden Glasplatten nur durch seitliches Auseinanderziehen trennen, ein direktes Aufklappen ist nur mit sehr hohem Kraftaufwand möglich und kann zum Bruch der Glasplatten führen.

Bei Feuchtigkeitsentzug verringert sich die Haftfähigkeit, die Haftpolster beginnen zu schrumpeln. Die kapillare Verteilung des Speichels besorgt eine spezielle, waben- oder pflastersteinartige Oberflächenstruktur der Haftpolster. Bild 16 zeigt sehr stark vergrößert die Haftpolsteroberfläche eines Großen Grünen Heupferdes (Tettigonia viridissima). Der zwischen den regelmäßig geformten, überaus kleinen Platten austretende Speichelfilm ermöglicht das Haften und Anschmiegen der Fußglieder auch auf sehr glatten Flächen, zum Lösen des Fußes werden die haftenden Fußglieder mit der Schiene der Reihe nach abgehebelt.

Haftapparat wie Beinproportionierung lassen oft Anpassungen an das Biotop erkennen. Die pflanzenbewohnenden Kletterer weisen meist eng stehende Hüften und lange, dünne Beine auf, die Tarsen sind relativ lang und besitzen große Haftpolster. Die laufenden Bodenbewohner besitzen kurze, kräftige Beine, die Hüften sind auseinandergerückt und die Haftpolster klein.

Die Heuschrecken stehen mit ihren sechs Beinen quasi auf zwei beweglichen, jeweils dreibeinigen Stativen. Während das eine Dreibeinstativ den Körper trägt und bewegt, wird das andere Dreibeinstativ unbelastet bewegt. Die Beine eines Brustsegments werden gewöhnlich abwechselnd bewegt, ein Paßgang tritt nicht auf. Die häufigste Abfolge der Beinbewegungen ist, daß z. B. das linke Vorderbein, das rechte Mittelbein und das linke Hinterbein den Körper tragen und in die gewünschte Richtung ziehen bzw. schieben. Die anderen Beine werden gleichzeitig dazu von der Unterlage gelöst und bewegt. Sobald sie aufsetzen, übernehmen sie die Trag- und Stemmfunktion usw. Bei vollständiger Beinzahl stehen die Schrecken in jeder Bewegungsphase zumindest auf drei Beinen. Die Vorderbeine ziehen, die Mittel- und Hinterbeine stemmen bzw. schieben den Körper. Eine höhere Fortbewegungsgeschwindigkeit wird durch eine raschere Durchführung der Stemmphase erzielt, die Schwingphase der unbelasteten Beine ändert sich dabei nur wenig. Das Klettern in dichter Vegetation erfolgt ähnlich, es entspricht einem Laufen auf den Vegetationsstrukturen mit geänderten Schub- und Zugrichtungen.

In locker stehender Vegetation holen sich die Schrecken mit Greifbewegungen der Vorder- oder Hinterbeine häufig zusätzliche Fußpunkte zum Aufsetzen der Tarsen heran, die Tiere können dann entweder auf die herangezogene Struktur (Halm, Blatt o. ä.) überwechseln oder auf beiden Strukturen weiterklettern. Setzt man eine Heuschrecke auf einen vereinzelten Halm, so kann man diese suchenden Greifbewegungen der Vorderbeine sehr schön beobachten.

Die verdickten und verlängerten Hinterbeine ermöglichen den typischen Heuschreckensprung. Der Hinterschenkel enthält die kräftige Sprungmuskulatur, die Hinterschiene dient als wirkungsvoller Hebelarm. Das Sprunggelenk zwischen Schenkel und Schiene gestattet einen Drehwinkel von fast 180°, diese beiden Beinelemente können sowohl aneinandergelegt wie gerade durchgestreckt werden. Eine sprungbereite Schrecke holt die Schiene an den Schenkel heran und dreht das gesamte Hinterbein aus dem Hüftgelenk heraus so nach hinten, daß sich der Tarsus unter dem Schwerpunkt des Körpers befindet. In typischer Sprungstellung werden die Fußglieder aber nicht auf die Unterlage aufgesetzt, sondern knapp darüber gehalten. Der Sprung wird durch plötzliche Streckung von Schenkel und Schiene vollzogen, beide Beinelemente bilden im Absprungmoment eine fast gerade Linie. Die Streckung des Sprungbeines wird durch die blitzschnelle und kraftvolle Drehung des Schenkels um die Sprunggelenksachse bewirkt. Die Heuschrecke wird jäh vom Boden abgehoben und nach vorne geschleudert, die Absprungwinkel liegen bei festem Untergrund zwischen 50° und 60°, die Sprungbahn hat die Form einer ballistischen Kurve. Die Sprungweite wird von der angewandten Sprungkraft und dem Körpergewicht bestimmt, der auf die Unterlage ausgeübte Absprungdruck kann dem 10- bis 20fachen Gewicht der Schrecke entsprechen. Abspringende Weibchen der Wanderheuschrecke (*Locusta migratoria*) mit einem Körpergewicht von 1,5 g üben mit jedem Sprungbein etwa 30 Millisekunden lang eine Kraft von rund 8 Pond (p) auf die Unterlage aus. Muskeln und Sehnen sind noch bedeutend höheren Belastungen ausgesetzt, die unterschiedlichen Hebelverhältnisse von Kraft- und Lastarm lassen kurzfristig Kräfte bis zu mehreren 100 p wirksam werden! Die Sprungweiten unserer heimischen Heuschrecken liegen meist unter einer Distanz von 1 m, weitere Distanzen erreichen die Tiere mit Sprungserien oder unter Zuhilfenahme der Flügel. Durch leichtes Ausbreiten der Flügel können die flugfähigen Formen die Sprungweiten erhöhen oder überhaupt noch während des Sprunges in den Flug übergehen. Spontane Flüge sind bei der Mehrzahl unserer Heuschrecken eher selten, obwohl manche Arten über eine kräftige Flugmuskulatur und gutes Flugvermögen verfügen. Sprung- wie Flugaktivitäten dienen in erster Linie einer raschen Flucht und besitzen so positiven Selektionswert.

Die guten Flieger, etwa die Sichelschrecken (Gattung *Phaneroptera*), die Beißschrecken (Gattung *Platycleis*) und die Heupferde (Gattung *Tettigonia*) unter den Ensiferen und die Strandschrecken (Gattung *Aiolopus*), die Sumpfschrecken (Gattung *Mecosthetus*) und die Ödlandschrecken (Gattung *Oedipoda*) bei den Caeliferen können bei strahlend-sonnigem Wetter Flugweiten von 6 bis 18 m erzielen. Weitere Flugdistanzen sind nur vom Großen Grünen Heupferd bekannt, wenn es abgeerntete Kulturflächen wegen seiner Vorliebe für höher strukturierte Biotope verläßt. Unsere Heuschreckenfauna enthält jedoch keinen richtigen Langstreckenflieger, wie dies die gelegentlich eingeschleppte Wanderheuschrecke in ihrer Wanderphase ist.

Die Innenseite des Brustskeletts ist mit Bögen und zapfenartigen Erhebungen verstärkt, die gleichzeitig auch als Ansatzstellen für die Flugmuskulatur dienen. Diese Versteifungsstrukturen sind bei guten Fliegern natürlich recht deutlich ausgebildet, Bild 17 zeigt den Blick in den frei präparierten Brustraum einer gut fliegenden Caelifere (*Anacridium* sp.) mit stark ausgebildeten Versteifungsbögen.

Auf die komplexeren Bewegungsvorgänge beim Flügelschlag kann hier schon aus Platzgründen nicht eingegangen werden, es sei nur bemerkt, daß das Flügelgelenk der Insekten den kompliziertesten Gelenks- und Kraftübertragungsmechanismus des gesamten Tierreichs darstellt.

Die beim Flügelschlag hoch belasteten Teile des Flügelgelenks bestehen aus einem gummiartigen Protein, dem Resilin. Diese hochelastische Substanz besitzt mit 96% einen höheren elastischen Wirkungsgrad als moderne Kunststoffe und trägt sehr zur Leistungsfähigkeit des Flugapparates der Heuschrecken bei: Zusammen mit den ebenfalls elastischen Brustwänden können bis zu 85% der Energie des Flügelaufschlages als elastische Verformung gespeichert und somit für den nächsten Flügelabschlag genutzt werden.

Wie bei vielen flugfähigen Insekten ist auch bei den Heuschrecken eine Tendenz zur funktionellen Zweiflügeligkeit vorhanden. Die großflächigeren, häutigen Hinterflügel liefern den Großteil der Auftriebskraft beim Flügelschlag,

Bild 17. Blick in die isoliert präparierte Hinterbrust (Metathorax) bzw. Mittelbrust (Mesothorax) einer Knarrschrecke (Gattung Anacridium). Man beachte die kräftig ausgebildeten Versteifungen (Apodeme) im Thoraxinneren!

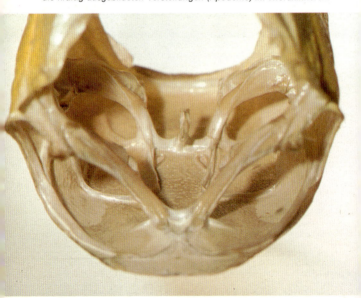

die derben und schmäleren Deckflügel fungieren als Steuerorgane. Eigene Muskeln besorgen das Ent- und Zusammenfalten der Flügel vor bzw. nach dem Flug.
Als Sonderform ist noch die wühlende Fortbewegungsweise der Maulwurfsgrille mit ihren zu Grabwerkzeugen spezialisierten Vorderbeinen zu erwähnen. Hüfte, Schenkel und Schiene des Vorderbeins sind stark abgeflacht und verbreitert, die mit zahnartigen Fortsätzen versehene Schiene dient als Grabschaufel. Beim Wühlen werden die Vorderschienen nach vorne in die Erde gerammt und seitlich auseinandergedrückt, in nicht allzu festem Erdreich können sich die Maulwurfsgrillen mit beachtlicher Geschwindigkeit durch den Boden graben.

Fortpflanzung

Bereits während der Larvalentwicklung werden die Geschlechtsorgane kontinuierlich herangebildet, mit der Imaginalhäutung erlangen die Heuschrecken die Geschlechtsreife (Maturität). Die äußeren Geschlechtsorgane (Geschlechtsarmaturen) sind ab der Imaginalhäutung funktionsfähig, die inneren Geschlechtsorgane, die Hoden (Testes) und die Eierstöcke (Ovarien), benötigen noch eine Anlauffrist zur Aufnahme der Spermien- und Eiproduktion im vollen Umfang. In dieser kurzen Zeit bleiben die Imagines noch fortpflanzungsinaktiv.
Die Paarung (Kopula) wird in den meisten Fällen von einer akustischen Balz der Männchen (Stridulation!) eingeleitet, nach der Befruchtung der reifen Eier beginnen die Weibchen mit der Eiablage (Oviposition) und schließen so den Lebenszyklus der Heuschrecken.
Die Caeliferen verfügen auf Grund ihrer stärker differenzierten Laut- und Bewegungsäußerungen über ein reichhaltigeres Balzinventar als die Ensiferen. Bei den Caeliferen besteigen für Kopula die Männchen die Weibchen, bei den Ensiferen geschieht dies umgekehrt.
Für das Zustandekommen der Paarung ist die Paarungsbereitschaft des Weibchens ausschlaggebend. Sind die Eier des Weibchens noch nicht genügend herangereift oder steht dieses vor der Eiablage, so sind auch noch so intensive Balzbemühungen eines paarungslustigen Männchens vergeblich. Die Paarungsdauer kann je nach Situation und Triebstau – mitunter auch beim selben Tier – stark schwanken: Bei manchen Arten wird diese Fortpflanzungstätigkeit in ein paar Minuten erledigt, bei anderen Arten kann sich die Kopula über Stunden ziehen.
Die meisten Heuschrecken legen die Eier in den Boden ab, in beiden Gruppen gibt es aber spezialisiertere Formen der Eiablage. Aus Gründen der Übersichtlichkeit soll die Paarung gesondert für Ensiferen und Caeliferen behandelt und die Eiablage hingegen gemeinsam anhand der vorkommenden Legetypen besprochen werden, abschließend wird noch kurz auf die Eigenheiten der Schaben und der Gottesanbeterin bei der Fortpflanzung eingegangen.

Balz und Paarung der Ensiferen

Die Stridulation der Männchen führt den Kontakt der Geschlechter herbei, die zirpunfähigen Formen haben entweder andere Möglichkeiten zur Lauterzeugung (Fußtrommeln bei den Eichenschrecken) oder eine andere Form der Geschlechterfindung (z. T. durch Duftdrüsen bei den Höhlenschrecken) entwickelt. Bei den Ensiferen sind eigene Werbegesänge und Balzspiele eher selten. Trifft ein paarungslustiges Ensiferenpärchen aufeinander, so kommt es vielfach zu einer sofortigen, mehr oder minder formlosen Kopulation der beiden Partner. Die Männchen drücken ihre Paarungsbereitschaft mit einer typischen Körperstellung aus. Unter Flügelanheben krümmen sie den Hinterleib abwärts und biegen die Hinterschenkel zur Seite, gleichzeitig versuchen sie, sich dem Weibchen mit der Hinterleibsspitze voran zu nähern. Die Grillen führen mit dem ganzen Körper heftig zitternde Bewegungen als Paarungsaufforderung aus. Mit ähnlichen, mehr schwingenden Bewegungen locken die stummen Männchen der Gewächshausschrecke (Gattung *Tachycines*) ihre Weibchen zur Paarung. Ein paarungswilliges Weibchen nähert sich nun dem

Bild 18. Weißfleckige Zartschrecken in Kopula (Leptophyes albovittata) (Männchen unten, Weibchen oben).

Männchen unter emsigem Fühlertasten von hinten und steigt auf dieses auf, bei vielen Arten wird dabei der Rücken des Männchens benagt oder beleckt. Der katzenbuckelartig gekrümmte Leib des Männchens greift nun seitlich oder von unten her nach der Hinterleibsspitze des Weibchens und erfaßt diese mit den Genitalarmaturen und Cerci, die oft als Klammer- oder Halteorgan fungieren. Die äußeren Geschlechtsorgane einer Art sind so beschaffen und geformt, daß sie eine mechanisch stabile Verbindung der Geschlechtspartner ermöglichen. Die arttypische Ausbildung der Geschlechtsarmaturen verhindert überdies Fehlpaarungen mit artfremden Individuen. Sehr nahe verwandte Arten, bei denen rein mechanisch eine Bastardisierung möglich wäre, werden gewöhnlich durch weitere Trennmechanismen (z. B. ethologische, ökologische Schranken usw.) auseinandergehalten.

Nach der mechanischen Vereinigung können die Ensiferen unterschiedliche Stellungen einnehmen. Bei den Grillen und etlichen Laubheuschrecken findet die nun erfolgende Begattung des Weibchens in der bisher innegehabten Stellung statt. Bei vielen Laubheuschrecken dreht sich das Männchen unter dem Weibchen nach hinten und erfaßt mit den Vorder- oder Mittelbeinen die Legeröhre des Weibchens. Die Bilder 18 und 19 zeigen diese unterschiedlichen Stellungen der Ensiferenkopula. Das Weibchen der Weißfleckigen Zartschrecke (*Leptophyes albovittata*, Bild 18) bleibt während der Paarung ruhig über dem Männchen stehen, es beleckt dabei intensiv den Rücken und die Deckflügelschüppchen des Männchens. Die Zartschrecken kopulieren relativ häufig, bei älteren Männchen können so die Deckflügel von den Weibchen regelrecht zernagt werden. Die Weibchen von vielen anderen Ensiferenarten dürften sich hingegen nur einmal oder wenige Male paaren.

Bild 19. Große Grüne Heupferde in Kopula (Tettigonia viridissima). Das Männchen hat sich unter dem Weibchen nach rückwärts gedreht und den Ovipositor des Weibchens mit Vorder- bzw. Mittelbeinen erfaßt.

Beim Großen Grünen Heupferd (*Tettigonia viridissima,* Bild 19) vollführt das Männchen die beschriebene Drehung zur Legeröhre des Weibchens hin, an der es sich festklammert. In der gleichen Stellung paaren sich auch die kleinen Eichenschrecken, die Männchen dieser Art ergreifen die Legeröhre aber mit den Kiefern (siehe auch *Meconema meridionale,* Seite 94).

Eine andere Kopulationsstellung zeigen die Schwertschrecken (Gattung *Conocephalus*): Sie paaren sich so, daß die Köpfe der beiden Tiere in entgegengesetzte Richtungen weisen. Diese Paarungsstellung ist bei vielen anderen Insekten sehr verbreitet, so bei Wanzen, Käfern, Schmetterlingen und auch bei den Schaben.

Das Männchen beginnt nun mit der Absonderung des Samenbehälters, der Spermatophore. Bei den Grillen ist das nur ein kleines, rundliches Bläschen mit einem dünnen, fadenförmigen Schlauch, der bis in die Geschlechtswege des Weibchens reicht. Bei den Laubheuschrecken wird die Spermatophore noch von einer großen, weißlichen und gallertartigen Sekrethülle, dem Spermatophylax, begleitet. Bei manchen Laubheuschrecken, wie z. B. bei der abgebildeten Weißfleckigen Zartschrecke, ist die abgeschiedene Spermatophore eher klein, bei anderen Arten können sowohl Spermatophore als auch Spermatophylax eine beachtliche Größe erreichen. Beide Absonderungen werden von den Männchen bereits vor der Paarung gebildet, die Größe des gebildeten Spermatophylax beeinflußt ein bißchen die Dauer der Kopula. Das Auspressen des Spermatophylax ist für die Männchen sehr anstrengend, nach der Paarung sind sie sehr erschöpft und ruhig. Bei den Arten mit kleiner Spermatophore bzw. Spermatophylax geht die Begattung meist recht flott vonstatten, die Zartschrecken benötigen für diesen Vorgang nur wenige Minuten. Beim abgebildeten Männchen des Großen Grünen Heupferdes dauerte es hingegen mehr als eine Stunde, bis die Spermatophore mit dem mächtigen Spermatophylax sichtbar wurde.

Nach der Kopula fressen die Weibchen den Spermatophylax und die Spermatophore auf, der Freßdruck befördert die Spermien in die Samentasche des Weibchens, wo sie bis zur Befruchtung der Eier aufbewahrt werden. Bei den Grillen mit ihrer kleinen Spermatophore tritt noch eine kurze Nachbalz auf, das Männchen beschäftigt das Weibchen noch eine Zeitlang und verhindert damit ein zu rasches Fressen der Spermatophore.

Die Laubheuschrecken gehen nach der Paarung wieder ihre eigenen Wege, bei den Grillen kann es durch die Ortsstetigkeit und das Rivalitätsverhalten der Männchen gelegentlich zu einer befristeten Gemeinschaft kommen.

Balz und Paarung der Caeliferen

Bei den Feldheuschrecken werden zur Paarung die Weibchen von den Männchen bestiegen, Bild 20 zeigt ein Pärchen der Alpinen Gebirgsschrecke (*Miramella alpina*) in der typischen Kopulationsstellung der Caeliferen. Nach dem Besteigen biegt das Männchen sein Hinterleibsende unter das des Weibchens, verhakt seine Genitalarmaturen mit denen des Weibchens und bringt in der Folge die kleine, äußerlich nicht sichtbare Spermatophore in die Geschlechtswege des Weibchens ein. Die Kopula kann kurz dauern, aber auch stundenlang währen, beendet wird sie nach dem Lösen der Genitalarmaturen durch den Absprung des Männchens vom Weibchen. Gelegentlich findet man Feldheuschrecken in einer Stellung kopulierend, bei der das Männchen vom Weibchen heruntergehängt oder nachgeschleift wird. Dies geht oft auf eine Störung während der Paarung zurück; eine jähe Bewegung oder auch ein Fluchtsprung des Weibchens bringt das Männchen in diese unbequeme Lage. Bei vielen Arten können die verhakten Genitalarmaturen der beiden Partner nicht so schnell gelöst werden, wodurch das Männchen vom Weibchen z. B. bei einem Sprung einfach mitgerissen wird. Geht die Störung nicht weiter und bleibt das Weibchen dann ruhig, so können die Tiere auch in dieser Stellung weiterkopulieren.

Die der Paarung vorausgehenden Balzhandlungen können bei den Caeliferen recht unterschiedlich sein, noch formloser als bei den Ensiferen geht die Paarung vieler Feldheuschrecken aus der Unterfamilie *Oedipodinae* vor sich. Den meisten Vertretern dieser Unterfamilie fehlt wie den Ensiferen ein richtiger Werbegesang der Männchen, häufig suchen diese aktiv das Gelände nach Weibchen ab. Sobald ein Männchen ein Weibchen entdeckt hat, stürzt es sich auf dieses und versucht es zur Paarung zu besteigen. Nur gelegentlich und eher selten stridulieren dabei die Männchen kurz vor dem Erreichen des Weibchens. Ist dieses in Paarungsstimmung, so kommt es zur Kopula, andernfalls wird das Männchen mit Tritten der Hinterbeine abgewehrt.

Bei vielen *Oedipodinae*-Arten scheinen die Männchen nur recht ungenaue Suchbilder von ihren Weibchen zu haben. Alle möglichen Objekte, die die ungefähre Form und Größe des Weibchens aufweisen, können bei Bewegung Paarungsreaktionen der Männchen auslösen. Die Männchen der Blauflügeligen Ödlandschrecke (*Oedipoda caerulescens*) verfahren bei der Paarung nach dem Motto „Versuch und Irrtum". Sie bespringen fast alles, was irgendwie für sie als Weibchen in Frage kommt, so auch die Weibchen anderer Heuschreckenarten oder sogar hingeworfene Holzstückchen in der Größe ihrer Weibchen. Der Irrtum wird dann beim unmittelbaren Kopulationsversuch nach dem Aufsteigen auf das vermeintliche Weibchen festgestellt. Man kann bei dieser Art auch immer wieder beobachten, wie sich mehrere Männchen gegenseitig bei der Kopula behindern, wenn sie versuchen, gleichzeitig mit einem einzigen Weibchen zu kopulieren. Meist führt eine derartige Situation zur Paarungsunlust des Weibchens, das dann die heftig drängenden Männchen mit kräftigen Tritten zur Seite befördert.

Gänzlich anders verläuft die Paarung bei den Feldheuschrecken der Unterfamilie *Acridinae* (Grashüpfer im weitesten Sinn), hier können bei manchen Arten vor der Kopula richtige Balzrituale und Paarungsspiele auftreten. Die zur Paarung nötige Balz setzt sich aus dem Werbegesang und bestimmten Bewegungen des Männchens, bei einzelnen Arten auch des Weibchens, zusammen. Es gibt eigene Such-, Werbe-, Anspring- und Paarungslaute bzw. -bewegungen, selbst Störungen können mit eigenen Zirplauten oder anderen Reaktionen quittiert werden.

Ein schönes Beispiel für ein ausgeprägtes Balzspiel ist das Paarungsverhalten der Roten Keulenschrecke (*Gomphocerus rufus*), die Männchen dieser Schrecke vollführen vor der Paarung rund um das Weibchen einen lebhaften „Balztanz" mit Gesang und fein abgestuften Bewegungsäußerungen.

Paarungsspiele sind aber nicht nur auf die Unterfamilie *Acridinae* beschränkt, es gibt sie auch bei einzelnen, wenigen *Oedipodinae* und selbst bei den zirpunfähigen Knarrschrecken (Familie *Catantopidae*). Die Männchen der Italienischen Schönschrecke (*Calliptamus italicus*) schleichen sich unter Mandibelgeknirsche mit langsamen, ritualisierten Körperbewegungen zur Paarung an ihre Weibchen heran. Die Männchen dieser Feldheuschrecke besitzen sehr große, auffällig zangenförmige Cerci, die ähnlich wie bei den Ensiferen zum Festhalten der weiblichen Hinterleibsspitze bei der Kopula dienen.

Eiablage

Bald nach der Begattung suchen die Weibchen ein geeignetes Ablagesubstrat für die Eiablage auf, knapp davor werden die reifen Eier mit den Spermien aus der Samentasche befruchtet. Die unterschiedliche Ausformung des Legeapparates betrifft nur die äußere Gestalt, nicht aber den grundsätzlichen Aufbau dieses Organs, das allen Heuschrecken-Weibchen die Schaffung eines zur Eideponie geeigneten Hohlraumes ermöglicht. Die Ablage der Eier erfolgt gezielt, alle Weibchen prüfen das gewählte Substrat mit den Mundwerkzeugen und der Legebohrerspitze auf Brauchbarkeit, häufig ist die Spitze des Legebohrers für diesen Zweck mit eigenen Sinneszellen versehen.

Der Ovipositor der Ensiferen funktioniert als Bohrstachel oder als Schlitzinstrument. Charakteristisch für die Eiablage vieler Ensiferen ist die ringförmige Körperkrümmung der Weibchen bei dieser Tätigkeit. Durch das Zusammenkrümmen des Körpers erreichen viele Ensiferen-Weibchen, daß sie ihre Legeröhre an der Wurzel mit den Kiefern erfassen und führen können. Mit Schiebebewegungen der einzelnen Elemente der Legeröhre (Gonapophysen) wird diese in das Substrat getrieben, vielfach unterstützen Zahnbildungen mit einem Sägeeffekt das Vorantreiben. Hat die Legeröhre eine ausreichende Tiefe erreicht, so läßt das Weibchen ein Ei durch den Legebohrer in das Ablagesubstrat gleiten, gewöhnlich werden die Eier einzeln abgelegt. Eine Ausnahme unter heimischen Ensiferen bildet die Maulwurfsgrille (*Gryllotalpa gryllotalpa*), die ihre Eier in unterirdischen Brutkammern haufenweise ablegt. Die

Bild 20. Alpine Gebirgsschrecke in Kopula (Miramella alpina). Typische Feldheuschreckenpaarung (Männchen oben, Weibchen unten).

Bild 21 (links oben). Isoliertes und geöffnetes Gelege der Wanderheuschrecke (Locusta migratoria). Man beachte die geschichtete Lage der Eier und das schaumartig aussehende Hüllsekret am Rande!

Bild 22 (links unten). Blauflügelige Ödlandschrecke (Oedipoda caerulescens) bei der Eiablage in den Boden.

Bild 23 (rechts oben). Eiablage der Weißfleckigen Zartschrecke (Leptophyes albovittata) in einen markhaltigen Stengel. Man beachte die ringförmige Körperkrümmung und das Führen des Ovipositors mit den Mandibeln!

Bild 24 (rechts unten). Eiablage der Gemeinen Sichelschrecke (Phaneroptera falcata), siehe Text!

Caeliferen legen ihre Eier stets in größeren Eipaketen ab. Nach der Substratprüfung stemmen die Weibchen ihre Hinterleibsspitze gegen das ausgewählte Ablagesubstrat, ihr Legeapparat funktioniert durch abwechselndes Spreizen und Schließen der stark sklerotisierten Gonapophysenenden als Legebohrer in der Art eines Bohrmeißels. Der Hinterleib kann bei der Eiablage auf Grund der überaus dehnfähigen Intersegmentalhäute bis auf die doppelte oder dreifache Länge gestreckt werden. So können Löcher von beachtlicher Tiefe zustande kommen, in die eine Anzahl von Eiern geschichtet abgelegt wird. Je nach Heuschreckenart, Ernährungszustand und Triebstau des Weibchens kann die Eizahl zwischen 5 und 30 betragen. Die Eier werden bei der Ablage gleichzeitig mit einem schaumigen Sekret umhüllt, so daß ein gegen äußere Einwirkungen geschütztes Eipaket entsteht. In Bild 21 ist die geschichtete Lage der Eier in einem geöffneten Eipaket der Wanderheuschrecke (*Locusta migratoria*) zu sehen.

Die weitaus meisten Arten von Grillen, Laub- und Feldheuschrecken legen ihre Eier in den Boden ab, sie sind Bodenleger. Bild 22 zeigt eine Blauflügelige Ödlandschrecke (*Oedipoda caerulescens*) bei der Eiablage, der Hinterleib des Weibchens ist bereits tief in den Boden versenkt.

Ein anderer Typus sind die Pflanzenleger, die z. T. recht verschiedene Pflanzenmaterialien als Ablagesubstrat bevorzugen. Bei den Caeliferen legt die Große Goldschrecke (*Chrysochraon dispar*) ihre Eier in markreiche Pflanzenstengel ab, die ausgewählten Stengel (z. B. von Himbeeren) werden dazu von den Weibchen richtiggehend „aufgebohrt" und erweitert. Unter den Grillen ist das Weinhähnchen, auch Blütengrille (*Oecanthus pellucens*) genannt, ein Pflanzenleger. Andere Arten wiederum stechen mit dem Legestachel saftige Pflanzenstengel zur Eiablage an, so die Schwertschrecken (Gattung *Conocephalus*) oder die abgebildete Weißfleckige Zartschrecke (*Leptophyes albovittata*) von Bild 23. Etliche Laubheuschrecken wie z. B. die Eichenschrecken (Gattung *Meconema*) oder die Sattelschrecke (*Ephippiger ephippiger*) können ihre Eier auch in Rindenspalten etc. ablegen. Eine hochspezialisierte Form der Eiablage besitzen die Sichelschrecken der Gattung *Phaneroptera*, sie legen ihre Eier in Blätter ab. Wie aus Bild 24 ersichtlich ist, schlitzen die Sichelschrecken-Weibchen mit ihrem flachen, fein gezähnten Ovipositor der Schmalseite von Blättern auf und deponieren in diesen Blattaschen ihre Eier. Für jedes Ei wird eine eigene Tasche in das Blatt geschlitzt, unter Laborbedingungen legen diese Arten ihre Eier auch in Papierblätter ab!

Einen eigenen Typus stellen bei den Feldheuschrecken die Kokonleger dar, wie etwa die Kleine Goldschrecke (*Euthystira brachyptera*) und die Sumpfschrecke (*Mecosthetus grossus*). Die Weibchen dieser Schrecken ersparen sich das Bohren in einem Ablagesubstrat, sie produzieren einfach mit Sekretschaum umhüllte Eipakete, die in Bodennähe an Halmen oder Stengeln befestigt werden.

Ähnlich erfolgt die Eiablage der Gottesanbeterin (*Mantis religiosa*), sie stellt ebenfalls unter Verwendung eines schaumigen Sekretes gekammerte Eikokons von einigen cm Länge her, die mit Halmen oder anderen Pflanzenteilen verklebt werden (Bild 25).

Sehr vorsichtig und quasi mit „Zeitlupenbewegungen" nähern sich die Männchen der Gottesanbeterin ihren Weibchen zur Paarung. Da sie keine paarungsspezifischen Lautäußerungen hervorbringen können, suchen sie aktiv ihre Weibchen im Gelände. Hat nun ein Männchen ein Weibchen entdeckt, so pirscht es sich mit behutsamen und fast unmerklichen Bewegungen an dieses heran. Gelangt es schließlich unbemerkt in die unmittelbare Nähe des Weibchens, so springt es blitzschnell auf dieses auf und klammert sich am Rücken fest. Unter intensivem Betrillern mit den Fühlern schiebt das Männchen seinen Hinterleib unter den des Weibchens und kopuliert mit diesem, die Paarung kann ziemlich lange dauern und sich über viele Stunden hinziehen.

Der berühmt gewordene Paarungskannibalismus der Gottesanbeterin scheint im Lichte neuerer Untersuchungen auf einer Reihe von Beobachtungen an gefangenen Tieren mit anschließender Mythenbildung zu beruhen. In vielerlei Hinsicht ergibt das immer wieder zitierte Auffressen der Männchen durch die Weibchen während der Paarung keinen biologischen Sinn. Bei anderen Mantiden wurden in jüngster Zeit differenzierte Balzrituale nachgewiesen; ob dies auch für unsere Gottesanbeterin zutrifft, ist eine noch offene Frage. Im Freiland kann man immer wieder kopulierende Pärchen beobachten, deren Männchen die Paarung mit dem Absprung vom Weibchen erfolgreich und lebend beenden.

Der Schabenpaarung geht eine Balz mit lebhaftem Fühlerspiel voraus. Die Kopula findet so statt, daß die Köpfe der beiden Partner auseinanderweisen, das Männchen schiebt seinen Hinterleib unter den des Weibchens und vereinigt sich mit diesem.

In einer eigenen Hinterleibstasche (Vestibulum) bilden die Schaben-Weibchen festverschlossene und gekammerte Eipakete, die Oothéken, aus. Bild 26 zeigt ein Weibchen der Deutschen Küchenschabe (*Phyllodromica germanica*) mit einer bereits deutlich ausgebildeten, weit aus der Hinterleibstasche herausragenden Oothek. Diese Eipakete werden von den Weibchen herumgetragen und schließlich an geeigneten Stellen abgesetzt, aus jeder Kammer der

Oothek schlüpft nach kurzer Zeit eine kleine Schabenlarve aus. Die Kammerzahl der Ootheken ist von Art zu Art verschieden, kann aber auch bei einer Art etwas schwanken. Die je nach Schabenart etwa 2 bis 8 mm (Deutsche Küchenschabe: ca. 3 mm) langen Schabengelege können sehr leicht unbeabsichtigt verschleppt werden und so mancherorts völlig überraschend für das schlagartige Entstehen einer höchst unerwünschten und lästigen Schabenpopulation sorgen.

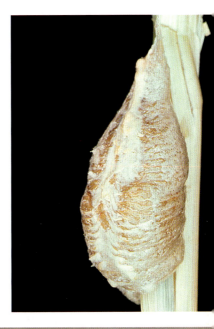

Bild 25 (oben). Eikokon (Oothek) der Gottesanbeterin (Mantis religiosa). Man beachte die auch äußerlich sichtbare Kammerung!

Bild 26 (unten). Weibchen der Deutschen Küchenschabe (Phyllodromica germanica) mit Eipaket kurz vor dem Abwurf (siehe Text!).

Besondere Verhaltensweisen

Die Heuschrecken besitzen ein je nach Art und Situation recht reichhaltiges Verhaltensinventar, es kann hier nur kurz auf die häufigsten und wichtigsten Verhaltensweisen eingegangen werden.

Der heuschreckentypische Sprung kennzeichnet das Fluchtverhalten, Auslösung wie Ablauf der Fluchtreaktionen lassen charakteristische Eigenheiten von Vegetations- und Bodenbewohnern beider Heuschreckenordnungen erkennen. Auf alle Schrecken wirken am stärksten von oben kommende, fluchtauslösende Reize, insbesondere alle raschen Bewegungen. Nach Wahrnehmung eines noch außerhalb der Fluchtdistanz liegenden Reizes zeigen Vegetations- und Bodenbewohner unterschiedliche Reaktionen. Die Vegetationsbewohner zeigen ein Verhalten, das man als „Aufmerken" bezeichnen kann. Sie nehmen da bereits die typische Absprungstellung ein, beobachten sehr aufmerksam ihre Umgebung, bleiben aber sonst noch abwartend-ruhig. Die Ensiferen tasten mit hastigen und fahrigen Fühlerbewegungen die Umgebung ab, man spricht vom „Fühlerkreisen". Eine weitere Annäherung des Reizes löst bei der kritischen Fluchtdistanz den Absprung aus, die einzelnen Fluchtdistanzen können je nach Heuschreckenart ziemlich verschieden sein. Recht weite Fluchtdistanzen zeigen bei den Ensiferen viele Vertreter aus der Familie *Tettigoniidae* (Singschrecken: Heupferde, Warzenbeißer, Beißschrecken, Strauchschrecken), bei den Caeliferen die meisten *Acridini* (Grashüpfer) und die wenigen pflanzenbewohnenden *Oedipodini* (Sumpfschrecke, Lauchschrecke). Bei den genannten Gruppen kann unter Umständen bereits eine Annäherung auf etwa 1 m den Fluchtsprung oder zumindest das „Aufmerken" auslösen.

Eher träge reagieren in dieser Hinsicht viele Sichel- und Zartschrecken (Familie *Phaneropteridae*) oder die Sattelschrecke (*Ephippiger ephippiger*). Es kann einem bei diesen Tieren mit etwas Vorsicht durchaus gelingen, ein Blatt mitsamt dem Tier abzuzupfen, ohne daß das Tier sonderliche Beunruhigung zeigt.

Viele Vegetationsbewohner verstecken sich bei Beunruhigung schnell hinter Halmen oder Blättern, die Schwertschrecken (Familie *Conocephalidae*) können dies besonders gut, man spricht von einem „Sichern-hinter-dem-Halm". Vor allem die Arten mit einer weiteren Fluchtdistanz flüchten häufig mit ganzen Sprungserien, bei den flugfähigen Formen kann die Flucht auch in einen Sprungflug übergehen. Die Arten mit einer geringeren Fluchtdistanz, wie z. B. die erwähnten Sichel- und Zartschrecken, lassen sich oft einfach in die Vegetation fallen.

Die Fluchtrichtung geht bei den Vegetationsbewohnern stets in Richtung des Bodens, wo die Tiere in sicherer Entfernung abwarten können, bis die Luft in ihrer gewohnten Lebensetage wieder von Störenfrieden rein ist.

Ein besonderes Bewegungstalent zeigen die flugunfähigen Strauchschrecken (Gattung *Pholidoptera*); sie springen und klettern auf der Flucht so gewandt zwischen den Vegetationselementen herum, daß ihre Fortbewegungsweise einem „Schwimmen oder Tauchen in der Vegetation" gleicht. Im Gegensatz zu den meisten anderen Heuschrecken nehmen die Strauchschrecken während der Flucht auch öfter Richtungsänderungen vor, im dichten Gesträuch sind sie so bestens vor nachstellenden Feinden geschützt.

Sehr eigenartig verhalten sich unmittelbar vor dem Absprung viele Bodenbewohner aus der Unterfamilie *Oedipodinae*. Die durch ihre unregelmäßige Körperfärbung meist gut getarnten Schrecken ducken sich nach Wahrnehmung eines möglichen Fluchtreizes sprungbereit auf den Boden nieder und bleiben auch bei weiterer Annäherung des Reizes noch ruhig sitzen. Erst wenn die sehr geringe Fluchtdistanz erreicht wird, springen auch sie ab. Dieses „Ducken" ist besonders bei der Gattung *Oedipoda* stark ausgeprägt und leicht zu beobachten.

Da die meisten dieser Arten recht gute Flieger sind, flüchten sie sehr oft mit einem Sprungflug, der sie bei sonnigem Wetter über weitere Distanzen (bis zu 18 m) führt. Nach dem Aufsprung schlagen sie noch einen Haken und drehen sich sofort wieder in Richtung der Reizquelle um. Dieses eigenartige, sichernde Ausrichten auf die Reizquelle scheint eine angeborene Verhaltensweise zu sein, da es bereits bei ganz jungen Larven unmittelbar nach dem Schlüpfen zu beobachten ist.

Alle Heuschrecken, Ensiferen wie Caeliferen, besitzen die Fähigkeit, bei „Feindkontakt" die Sprungbeine von sich aus abwerfen zu können (Autotomie der Hinterbeine). Ermöglicht wird dies durch eine vorgeformte Bruchstelle zwischen Schenkelring (Trochanter) und Schenkel (Femur), die von Muskelüberkreuzungen frei ist und von zwei Membranen begrenzt wird. Zwischen den beiden Membranen kann der Bruch erfolgen, die körperseitige Membran verhindert nach dem Abwurf des Hinterbeines einen größeren Blutverlust des Tieres. Das abgeworfene Hinterbein, das bisweilen noch Zuckungen ausführt, sorgt für eine Beschäftigung des Feindes, während die Schrecken ihre Chancen zur Flucht nutzen können.

Recht possierlich wirken unsere Schrecken beim Putzen. Die Laubheuschrecken legen mehr Wert auf Sauberkeit als die Feldheuschrecken, deren Putzverhalten nur das Reinigen der empfindlichen, mit vielen Sinneszellen versehenen Fühler umfaßt. Das Fühlerputzen erfolgt bei allen Heuschrecken unter Zuhilfenahme eines Vorderbeines als Greiforgan. Die Caeliferen drücken unter Kopfsenken den Fühler mit dem Vorderbein fest auf die Unterlage auf, mit einer langsamen Kopfbewegung wird dann der Fühler zwischen Vordertarsus und Unterlage durchgezogen, die dem Fühler anhaftenden Schmutzteilchen werden so abgestreift. Die Ensiferen holen sich mit einer Greifbewegung der Vorderbeines den verschmutzten Fühler zum Mund, sanfte Kaubewegungen der Mundwerkzeuge reinigen den Fühler bis zur Spitze hin. In der gleichen Weise säubern die gut kletternden Arten regelmäßig und sorgfältig ihre Fußglieder. Die größeren Körperpartien wie Flügel und Flanken werden bei den Laubheuschrecken durch Abstreifen mit den Beinen von anhaftenden Dreckpartikeln gereinigt, die Beine putzen sich untereinander oder werden ebenfalls von den Mundwerkzeugen gesäubert. Lediglich der mit den Beinen schwer erreichbare Halsschild kann keiner regelmäßigen Säuberung unterzogen werden. Ein gegenseitiges, soziales Putzverhalten gibt es bei den Heuschrecken beider Ordnungen nicht.

Ein wichtiger Bestandteil der innerartlichen Kommunikation der Caeliferen sind die stummen oder von bestimmten Lauten begleiteten Bewegungen der Hinterschenkel. Es gibt alle erdenklichen Bewegungsformen, vom langsamen oder schnellen Beinstrecken über das „Schienenschleudern" bis zum „Winken" mit den Hinterschenkeln. Die Bedeutung kann je nach Art und Situation sehr verschieden sein, von vielen, immer wieder auftretenden Schenkelbewegungen weiß man noch nicht, ob ihnen eine spezifische Bedeutung zukommt oder nicht. Mit einer bestimmten, langsamen Schenkelbewegung signalisieren z. B. die Weibchen der Blauflügeligen Ödlandschrecke (*Oedipoda caerulescens*) den Männchen ihre Paarungsbereitschaft, etwas anders ausgeführt und in einer anderen Situation sind ähnliche „Winkbewegungen" die Abwehrgeste gegenüber Artgenossen oder anderen Heuschrecken. Unerwünschte Artgenossen werden mit Tritten der Hinterbeine abgewehrt oder weggestoßen, sehr häufig kann man diese Reaktion bei paarungsunwilligen Weibchen beobachten, wenn sie von paarungslustigen Männchen bedrängt werden.

Eine ähnliche und für die Situation typische Trittbewegung ist oft beim Koten zu sehen. Bleibt das abgeschiedene Exkrement irgendwo am Hinterleib haften, so wird es mit einem kräftigen und sehr zielsicheren Tritt weggeschleudert.

Bei niedrigeren Temperaturen, etwa bei Tagesanbruch oder bei bereits kühlerer Witterung im Herbst, sonnen sich viele Schrecken gerne. Die Tiere suchen dazu entweder windgeschützte und sonnenexponierte oder gut rückstrahlende Plätze auf und bieten die Breitseite des Körpers den einfallenden Sonnenstrahlen dar. Die wechselwarmen, stark von der Lufttemperatur abhängigen Schrecken können sich so aufheizen und rascher eine höhere Aktivität erlangen. Im Spätherbst, wenn die Sonnenstrahlen bereits in einem niedrigeren Winkel einfallen, suchen viele wärmeliebende Bodenbewohner auch stärker geneigte Felsflächen zum Sonnen auf, zu dieser Zeit kann man mitunter richtige Heuschreckenversammlungen auf den Asphalträndern von verkehrsarmen Straßen vorfinden, wo sich die Tiere ebenfalls gut erwärmen können.

In sehr günstigen und heißen Biotopen tritt während der hochsommerlichen Mittagsstunden das Gegenteil ein, bei zu großer Hitze verringert sich die Aktivität der Schrecken. Sie verkriechen sich in die schattenspendende Vegetation und halten dort „Mittagsruhe". Die während der kühleren Abend- und Nachtstunden aktiven Formen wie etwa die Eichenschrecken (Gattung *Meconema*) halten sich untertags gern auf der Unterseite von Blättern oder an anderen schattigen Orten auf.

Den Bewohnern der deckungsarmen Kahlflächen fällt das Aufsuchen von Schatten schon etwas schwerer, sie richten sich bei sengender Hitze so nach der Sonne aus, daß die Sonnenstrahlen einen möglichst geringen Teil der Körperoberfläche treffen. Je heißer das Biotop ist, um so deutlicher ist diese „Hitzepause" in den Mittagsstunden zu bemerken.

Den Wasserbedarf decken die Heuschrecken gewöhnlich mit der aufgenommenen Nahrung, hin und wieder kann man aber Schrecken beobachten, die mit Kaubewegungen der Mundwerkzeuge Tautropfen von Pflanzen auflecken und so zusätzlich ihrem Körper Wasser zuführen.

Fängt man Heuschrecken und hält sie in der Hand, so pflegen die Tiere zu „spucken", neben Bissen und heftigem Beinstrampeln setzen sie auch ihre Verdauungssäfte zur Abwehr ein. Wieweit der erbrochene Mageninhalt einen Wert als Abwehrmittel besitzt, ist unklar. Bei größeren Feinden wie Eidechsen, insektenfressenden Säugetieren und Vögeln dürfte diese Reaktion kaum nennenswerte Wirkung zeitigen, kann aber vielleicht bei der Abwehr von kleineren Räubern für die Schrecken von Nutzen sein.

In manchen Gegenden Europas benutzte man früher den Warzenbeißer (*Decticus verrucivorus*) auf eher inhumane Weise zum Entfernen von Warzen, daher auch der deutsche Name dieser Schrecke. Man ließ die mit sehr großen und kräftigen Kiefern versehenen Tiere unter Zug die unerwünschten Warzen abbeißen, was häufig durch die Zugausübung mit dem Tod der Tiere endete. Die angeblich ätzende Wirkung der Magensäfte dieser Schrecke sollte ein Nachwachsen dieser Hautgebilde verhindern, wieweit dies auch tatsächlich zutraf, ist fraglich.

Zwar selten, aber doch können auch zwei Schrecken unvermutet aufeinandertreffen. Die Ensiferen reagieren mit lebhaftem Fühlerspiel und Betasten, die Caeliferen mit spezifischen Hinterschenkelbewegungen. Bei den Laubheuschrecken kann es im Zuge einer solchen unverhofften Begegnung zum „Befüßeln" mit den Vorderbeinen oder einer kurzen Balgerei kommen, die Feldheuschrecken sind von friedfertigerer Natur und wehren nur sehr zudringliche Schrecken mit Fußtritten ab.

Das Rivalitätsverhalten der Männchen ist bei praktisch allen Heuschrecken in Form des Rivalengesanges kanalisiert, ein stärker ausgeprägtes Rivalitätsverhalten mit Raufereien liegt bei den Männchen der Feldgrille (*Gryllus campestris*) vor. Die Feldgrillen-Männchen sind durch das Anlegen von selbstgegrabenen Wohnröhren im Erdreich sehr ortsstet, zur Anlockung von Weibchen sitzen sie gern zirpend vor ihrer Wohnröhre. Es gibt aber auch wandernde Männchen, die ihre Heimstatt aus irgendwelchen Gründen verlassen haben. Bei Begegnung befühlern sich die Männchen sehr intensiv, unter heftigem Körperschütteln wird dann ein kurzes, akustisches Duell ausgetragen, dem körperliche Auseinandersetzungen folgen können. Kommt es zu einer Rauferei, so versucht das stärkere Männchen das schwächere Männchen von der Wohnröhre wegzuschleifen, das unterlegene Männchen flüchtet schließlich und wird noch ein Stück vom Sieger verfolgt. Die Berichte, wonach die Männchen bis zum Tode eines Beteiligten kämpfen sollen, dürften sich auf gefangene Tiere beziehen. Dem unterlegenen Tier fehlt dann die Möglichkeit zur Flucht, und es wird, da es offensichtlich keinen tötungshemmenden Mechanismus im Rivalitätsverhalten der Feldgrillen-Männchen gibt, vom Sieger zu Tode gebissen. Unter ähnlichen, künstlich geschaffenen Gefangenschaftsbedingungen werden auch die sprichwörtlich „sanften" Tauben zu erbarmungslosen Mördern an Artgenossen; den unterlegenen Tieren fehlt einfach der Raum zur Flucht, um sich weiteren Attacken des Siegers bei Auseinandersetzungen entziehen zu können.

Der melodische Gesang und das Rivalitätsverhalten der Männchen hat dazu geführt, daß in manchen Ländern Grillen gleich Kanarienvögeln oder Kampf-

hähnen als Haustiere gehalten werden. Im ersten Fall erfreut man sich am Gezirpe, im zweiten Fall dient das Rivalitätsverhalten als Volksbelustigung.
Die Maulwurfsgrille (*Gryllotalpa gryllotalpa*) weicht in ihrer ganzen Lebensweise und besonders beim Brutgeschäft von den übrigen Ensiferen ab. Bei vielen Insekten ist eine Brutpflege ja gang und gäbe, bei den sozialen Formen (Bienen, Ameisen, Termiten) stellt sie die Grundlage des Stockes bzw. Staates dar. Nicht so bei den Heuschrecken, für die gewöhnlich die Fortpflanzungsgeschäfte mit der Eiablage beendet sind. Die Maulwurfsgrille bildet hier eine Ausnahme, die Weibchen errichten zur Eiablage sorgfältig angelegte Brutkammern, in die sie bis zu 300 Eier haufenweise ablegen. Die Weibchen bleiben bis nach dem Schlüpfen der Larven immer in der Nähe der Brutkammer und bewachen auch die Junglarven noch eine Zeitlang. Die schützende Anwesenheit des Muttertieres ist bei dieser sehr konzentrierten Form der Eiablage für den Arterhalt sehr sinnvoll, da sonst Räuber mit den Eiern oder Junglarven überaus leichte Beute fänden.

Jahreszeitliches Auftreten

Ganzjährig vorkommende Heuschrecken sind in Mitteleuropa mit seinem ausgeprägten Winter durchweg an besondere Biotope gebunden. So die Höhlenschrecken (Gattung *Troglophilus*) und die Arten, die im Umfeld des Menschen vor der kalten Jahreszeit geschützt sind: die Gewächshausschrecke (*Tachycines asynamorus*), das Heimchen (*Acheta domestica*) und etliche Schaben (*Blatta orientalis, Phyllodromica germanica*). Im Freien überwintern nur sehr wenige Schrecken als Larven oder Imagines wie die Dornschrecken (Familie Tetrigidae) und einige Grillen: Feldgrille (*Gryllus campestris*), Waldgrille (*Nemobius sylvestris*) und die Maulwurfsgrille (*Gryllotalpa gryllotalpa*).
Die Imagines aller anderen Heuschrecken sterben im September oder Oktober, spätestens aber im November ab. Einige kältefestere Arten können sogar noch frühe und kurzfristige Schneefälle im Spätherbst überstehen, aber auch sie überdauern das Winterhalbjahr wie alle anderen Heuschrecken ebenfalls als Eier.
Der Zeitpunkt des Schlüpfens wird von den örtlichen Gegebenheiten des Klimas, der Frühjahrswitterung und der Artzugehörigkeit bestimmt.
Die jahreszeitlichen Frühstarter sind etwa Ende März bis Anfang April die Larven vom Großen Grünen Heupferd (*Tettigonia viridissima*), vom Warzenbeißer (*Decticus verrucivorus*), von den meisten Beißschrecken (Gattungen *Metrioptera* und *Platycleis*), von den Strauchschrecken (Gattung *Pholidoptera*), von der Kleinen Goldschrecke (*Euthystira brachyptera*) und von etlichen Grashüpfern der Gattungen *Chorthippus* und *Stenobothrus*.
Ungefähr zur selben Zeit verlassen auch die überwinternden Dornschrecken und Grillen ihre Winterquartiere.
Der Großteil der heimischen Heuschreckenfauna folgt mit dem Schlüpfen bis etwa Anfang Mai nach. Spätstarter sind natürlich die besonders wärmeliebenden Formen, bei den Ensiferen treten viele Sichelschrecken (Familie Phaneropteridae) und bei den Caeliferen viele Ödlandschrecken (Unterfamilie Oedipodinae) erst Ende Mai oder Anfang Juni als Junglarven in Erscheinung.
Die Heuschreckenimagines sind ausgesprochene Hochsommertiere; etwa im August sind bei fast allen Arten die Tiere erwachsen und fortpflanzungsfähig. Die früh schlüpfenden Arten erreichen bereits Ende Juni oder im Juli das Imaginalstadium (Heupferde, Warzenbeißer, Beißschrecken, Strauchschrecken, Goldschrecken und viele Grashüpfer), die meisten später schlüpfenden Arten werden im Laufe des August adult. Eine unserer spätesten Formen ist die Gemeine Sichelschrecke (*Phaneroptera falcata*), sie erreicht das Imaginalstadium gewöhnlich erst Anfang September. Zur selben Zeit kann sich bereits die Lebenszeit einiger früh schlüpfender Arten wie z. B. der Kleinen Goldschrecke ihrem Ende zuneigen.
Die meisten früh schlüpfenden Arten treten etwa 12 Wochen als Larven und ungefähr genausolang als Imagines auf. Das Auftreten der später schlüpfenden, wärmeliebenden Arten ist deutlich kürzer: jeweils ca. 8 bis 9 Wochen. Der Herbst beendet in der eingangs geschilderten Weise die Heuschreckensaison.

Vorkommen, Umweltfaktoren und Gefährdung

Obwohl die Heuschrecken nicht die Arten- und Biotopvielfalt anderer Insektengruppen erreichen, können sie doch an recht verschiedenartigen Orten in Erscheinung treten. Für die mitteleuropäischen Vertreter der Springschrecken lassen sich unter Berücksichtigung besonderer Lebensweisen grob sechs große Vorkommensbereiche abgrenzen:

Gebirgsbiotope
In der subalpinen Höhenstufe (1800 bis 2400 m) erreichen die Schrecken bei uns ihre vertikale Verbreitungsgrenze; die wenigen noch in diesen Höhenlagen vorkommenden Arten sind meist Eiszeitrelikte mit boreo-alpiner Verbreitung. Diese Faunenelemente mit sehr geringen Temperaturansprüchen wie z. B. die Sibirische Keulenschrecke (*Aeropus sibiricus*) konnten im Zuge der Eiszeiten bis nach Mitteleuropa vordringen, mit dem Rückgang der Vereisung beschränkten sie sich immer mehr auf alpine Bereiche in Mitteleuropa. Sie fehlen in den tieferen Lagen und treten erst wieder im Norden des eurasiatischen Kontinents unter ähnlichen Klimaverhältnissen in Erscheinung. Nur wenig artenreicher repräsentiert sich die obere montane Höhenstufe (1300 bis 1800 m), die meisten Arten finden sich in Biotopen, die in der collinen bzw. unteren montanen Höhenstufe (bis max. 1300 m) liegen.

Waldbiotope
Mit Ausnahme einzelner Arten sind ausgedehnte Wälder mit dichtem Kronenschluß ohne eingestreute Lichtungen nahezu heuschreckenfrei. Selbst die rein baumbewohnenden Arten wie die Eichenschrecken (Gattung *Meconema*) bevorzugen aufgelockerte, strukturierte Waldbestände oder die Waldränder, an denen auch das Große Grüne Heupferd (*Tettigonia viridissima*) sowie in sonnigen Lagen die bodenbewohnende Waldgrille (*Nemobius sylvestris*) auftreten kann.

Wiesenbiotope
Grasbestände, rein oder mit krautigen Pflanzen, z. T. auch mit Gesträuch durchsetzt, sind bei uns das Heuschreckenbiotop schlechthin. Hier lebt der Großteil der heimischen Schrecken beider Ordnungen, die weitverbreiteten und häufigen Arten sind zudem oft mit sehr hohen Individuenzahlen vertreten. Auch Waldrodungen können, wenn sie nicht allzu isoliert liegen, relativ rasch von der Schreckenfauna benachbarter Bereiche in Beschlag genommen und besiedelt werden.

Menschliche Kulturflächen wie Äcker und Felder heben sich von dem Schreckengewimmel der Wiesen kraß ab. Bis auf die Ränder sind Felder in der Regel heuschreckenleer.

In baumarmen Gebieten kann mitunter auf Feldern mit höheren Fruchtpflanzen wie Getreide, Mais, Sonnenblumen o. ä. das Große Grüne Heupferd häufiger vorkommen. Die mobile Schrecke mit ihrer Vorliebe für höhere Pflanzen scheint in solchen Gebieten derartige Kulturpflanzen als Baumersatz zu benutzen. Nach der Ernte, also nach der Beseitigung der höheren Strukturen, sucht sie dann andere Orte wie Sträucher und Gebüsch auf.

Trocken- und Ödlandbiotope
Steinige, sandige, nur dürftig bewachsene Böden sind das Biotop der bodenbewohnenden Formen. Das Markenzeichen und die Charaktertiere solcher Biotope sind die Ödlandschrecken aus der Unterfamilie *Oedipodinae*, aber auch andere Caeliferen wie z. B. die Italienische Schönschrecke (*Calliptamus italicus*) und etliche Ensiferen wie die Beißschrecken der Gattung *Platycleis* bevorzugen solche trocken-warme Örtlichkeiten.

Feuchtbiotope
Die Uferbereiche von stehenden oder fließenden Gewässern sowie feuchte Niederungen bilden die Biotope der hygrophilen Heuschrecken. Von den Ensiferen sind hier die Schwertschrecken (Gattung *Conocephalus*), die Schiefkopfschrecke (*Homorocoryphus nitidulus*), die Wanstschrecke (*Polysarcus*

denticauda) sowie einzelne Beißschrecken der Gattung *Metrioptera* zu nennen, von den Caeliferen die Sumpfschrecke (*Mecosthetus grossus*), die Lauchschrecke (*Parapleurus alliaceus*), die Strandschrecken (Gattung *Aiolopus*), manche Dornschrecken (Gattung *Tetrix*) und etliche Grashüpfer aus der Gattung *Chorthippus*.

Boden- und Höhlenbiotope

Einzelne Saltatoria haben im Laufe ihrer Stammesgeschichte eine mehr oder weniger ausgeprägte unterirdische Lebensweise entwickelt.

Als weitgehend echte Höhlenbewohner sind bei uns nur die Höhlenschrecken (Gattung *Troglophilus*) zu betrachten. Die Gewächshausschrecke (*Tachycines asynamorus*), eine eingeschleppte entfernte Verwandte der Höhlenschrecken, bewohnt „Quasi-Höhlen" im menschlichen Bereich wie Treibhäuser oder feucht-warme Keller und ist nur an solchen Orten lebensfähig. Einen besonderen Fall stellen die winzigen und seltenen Ameisengrillen (Gattung *Myrmecophila*) dar, die synökisch als geduldete Mitbewohner in Ameisennestern leben.

Die bekannte Feldgrille (*Gryllus campestris*) ist ein Bodenbewohner, der sich schützende Wohnröhren ins Erdreich gräbt. Einen Schritt weiter geht die Maulwurfsgrille (*Gryllotalpa gryllotalpa*), die den Großteil ihres Lebens im Boden verbringt. Sie verläßt ihre selbstgegrabenen Erdgänge nur mehr für bestimmte Aktivitäten, wie z. B. zur Paarung.

Von den heimischen Caeliferen weist die kleine Grabschrecke (*Tridactylus pfaendleri*) eine teilweise unterirdische Lebensweise auf. Ähnlich der Feldgrille legt sie kurze Wohnröhren im Boden an, im Gegensatz zu dieser aber vorzugsweise in der Nähe von Gewässern.

Bei Maulwurfsgrille wie Grabschrecke sind morphologische Anpassungen an die Lebensweise vorhanden. Die Vorderbeine der Maulwurfsgrille sind zu mächtigen Grabbeinen umgestaltet, bei der Grabschrecke ist eine ähnliche, aber weniger deutlich ausgeprägte Tendenz zu erkennen.

Eine eigene Beziehung zum Boden weisen viele Dornschrecken (*Tetrigidae*) auf. Im Gegensatz zu den Ödlandschrecken können Temperatur- und Feuchtigkeitsansprüche von Art zu Art beträchtlich variieren, stets finden sie sich in unmittelbarer Nähe des Bodens, in dem sie auch als eine der wenigen Schreckengruppen nicht als Eier überwintern.

Umweltbeziehungen

Wie alle Organismen sind Heuschrecken an Bereiche gebunden, wo die für sie lebensnotwendigen Erfordernisse oder Requisiten vorhanden sind. Einen Überblick über die wichtigsten Komponenten des Wirkungsgefüges zwischen den Umweltfaktoren, die ein Ort bietet, und den Requisitenansprüchen einer Art versucht Bild 27 schematisch wiederzugeben.

Die dauerhafte Existenz einer Art ist nur dann möglich, wenn alle Ansprüche der Art erfüllt werden, was durch die UND-Verknüpfung der Ansprüche im Sinne eines logischen Gatters bewirkt wird. Es erscheint fast überflüssig, darauf hinzuweisen, daß Requisiten nicht substituierbar, also durch andere ersetzbar sind.

Über die bloße Requisitenexistenz hinaus ist für Biotopbindung wie Verbreitungsbild noch bedeutsam, in welchem Ausmaß eine Art auf bestimmte Quantitäten einzelner Requisiten angewiesen ist bzw. inwieweit sie Schwankungen des Requisitenangebots tolerieren kann. Diese Toleranz ist artspezifisch, betrifft auch etwaige entwicklungsbedingte Anspruchsdifferenzen und spiegelt durch ihre Grenzen die ökologische Reaktionsbreite, auch als Valenz oder Potenz bezeichnet, wider. Arten mit weitem Toleranzbereich werden als euryök, solche mit engem als stenök bezeichnet.

Euryöke Arten sind in ihrer Umweltreaktion flexibler und plastischer, Biotopgrenzen und damit die Verbreitung ergeben sich für sie aus der Requisitenexistenz. Das für sie akzeptable Angebot ist bei regionaler Betrachtung meist in weiteren Bereichen vorhanden, dementsprechend weisen sie eine eurytope Verbreitung auf, die netzartig oder flächenhaft z. T. unterschiedliche Biotope umfassen kann.

Stenöke Arten sind in dieser Hinsicht starrer und wenig plastisch, entspre-

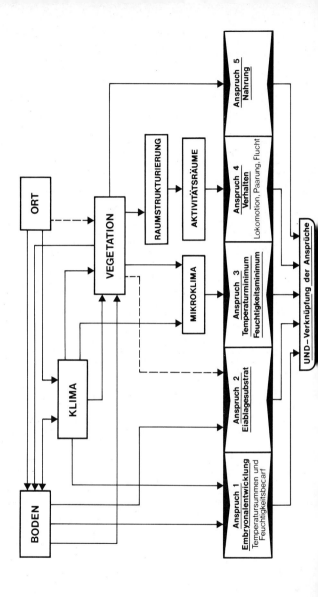

Bild 27. Vereinfachtes Funktionsgefüge Umweltbedingungen – Artansprüche von Heuschrecken.

chende Biotope müssen für sie noch die Bedingung der nötigen Requisitenquantitäten aufweisen, was nur in begrenzterem Umfang der Fall ist. Aus ihren höheren Ansprüchen heraus ergibt sich – wiederum regional – eine stenotope Verbreitungsform, die mit charakteristischem Lokalvorkommen einer Art in Erscheinung treten kann.

Die regionale Gültigkeit dieser an und für sich sehr klaren und für Biotopeinschätzungen sehr zweckmäßigen Unterscheidung kommt zum Vorschein, wenn man das Gesamtverbreitungsgebiet einer Art in die Betrachtung miteinbezieht. Es zeigt sich, daß lediglich die Artansprüche konstant bleiben, auch wenn in verschiedenen Klimabereichen die Biotope, in denen diese erfüllt werden, wechseln. Nur die Häufigkeit der Anspruchserfüllung ändert sich je nach Region und damit das Bild der Stenotopie.

Das Prinzip der relativen Biotopbindung oder relativen Stenotopie (nach KÜHNELT) macht verständlich, warum Arten in ihrem Verbreitungszentrum sehr häufig und euryrop erscheinen, während sich zu ihren Verbreitungsgrenzen hin eine wachsende Seltenheit und Stenotopie bemerkbar macht. Die deutlichsten Beispiele dafür finden sich bei Tieren mit großen Verbreitungsgebieten und sehr ausgeprägten Ansprüchen, auch wenn diese z. B. hinsichtlich der Temperatur so verschieden sind wie etwa bei der Gottesanbeterin (*Mantis religiosa*, siehe Seite 154) und der Sibirischen Keulenschrecke (*Aeropus sibiricus*, siehe Seite 146).

Klima, Boden und dessen Lage stellen die abiotischen Umweltfaktoren dar, während die biotischen die Einflüsse von Pflanzen, Tieren und Menschen umfassen.

Wie bereits angeklungen, spielt das Klima bei unseren Schrecken die größte Rolle; es stellt einen Faktorenkomplex dar, der sich aus Temperatur (Wärme), Feuchtigkeit (Niederschläge), Licht (Einstrahlung) und Luftbewegung (Wind) zusammensetzt.

Vom Großklima, das den Charakter ganzer Landschaften bestimmt, muß das Mikroklima, das Kleinklima im unmittelbaren Lebensbereich der Tiere in den bodennahen Luftschichten, unterschieden werden. Da wie dort hebt sich die Temperatur als bedeutendster Einzelfaktor heraus, die weltweite Verbreitung beider Saltatoria-Gruppen ist durch ein hohes Wärmebedürfnis gekennzeichnet. Die meisten der rund 15 000 bekannten Arten kommen in den tropischen und subtropischen Regionen vor, etliche sehr große und wärmeliebende Familien erreichen in den gemäßigten Breiten ihre Verbreitungsgrenzen. Die Temperatur betrifft und bestimmt so praktisch alle Lebensvorgänge der Schrecken – von der Eireifung angefangen über die Entwicklung bis hin zur Eiablage.

Mikroklimatisch sind Unterschiedungen zwischen trocken-warmen (Lufttemperatur im Sommer in der bodennahen Luftschicht bei 38 °C, Luftfeuchtigkeit ca. 35 % RF) und feucht-kühlen Heuschreckenbiotopen (Lufttemperatur etwa 27 °C, Luftfeuchtigkeit ca. 70 % RF) getroffen worden. Konkret treffen solche Mikroklimate auf Ödlandbereiche (trocken-warm) und Feuchtbiotope (feucht-kühl) mit charakteristischen Artenspektren zu, Wiesenbiotope liegen mikroklimatisch zwischen diesen beiden Extremen.

Die Caeliferen weisen mit Ausnahme der Gebirgsformen relativ einheitliche und hohe Temperaturansprüche auf, die Vorzugstemperaturen der meisten Arten liegen im Bereich von etwa 26 °C bis 38 °C.

Die Temperaturansprüche der Ensiferen bieten ein weniger einheitliches Bild, bei ihnen existieren teilweise beachtliche Unterschiede.

Den spezialisierten Höhlenschrecken (Gattung *Troglophilus*) reicht jahraus, jahrein die typische Höhlentemperatur von etwa 8 °C zum ganzen Lebenszyklus. Die Vorzugstemperatur des Großen Grünen Heupferdes (*Tettigonia viridissima*) liegt mit 11 °C nur wenig höher und dürfte wohl auch für andere, vorwiegend nachtaktive Ensiferen wie die Eichenschrecken (Gattung *Meconema*) zutreffen.

Die meisten tagaktiven Ensiferen scheinen – soweit dies bekannt ist – etwa dem Warzenbeißer (*Decticus verrucivorus*) zu gleichen, dessen Vorzugstemperatur bei 27 °C liegt. Ausgesprochen wärmebedürftige Ensiferen mit caeliferenartig-hohen Temperaturansprüchen sind die Sichelschrecken (Familie *Phaneropteridae*), die Sattelschrecke (*Ephippiger ephippiger*), die Säge-

schrecke (*Saga pedo*) sowie die Beißschrecken der Gattung *Platycleis*.
Dem Licht kommen vielfältige Steuerfunktionen zu, nicht nur was die Aktivitätsmuster von tag- und nachtaktiven Arten betrifft, auch viele physiologische Vorgänge (insbesondere der Reproduktion) werden von der Dauer und dem Wechsel Tag/Nacht nachhaltig beeinflußt.
Der Boden stellt für den Großteil der Schrecken das Eiablagesubstrat dar, das neben den geeigneten physikalischen Eigenschaften auch die entsprechenden Temperatur- und Feuchtigkeitsbedingungen zur Embryonalentwicklung aufweisen muß. Für die Bodenbewohner stehen natürlich Eigenschaften wie Oberflächenbeschaffenheit, Neigung und Exposition im Vordergrund. Die Mehrzahl der Ödlandschrecken (*Oedipodini*) besiedelt als typische Bodentiere grusreiche oder sandige, ebene oder nicht allzu geneigte Bereiche. Stärker geneigte Örtlichkeiten werden nur bei sehr günstiger Südorientierung bewohnt, größere und homogene Felsflächen werden gemieden oder nur bei der Flucht aufgesucht.
Die Vegetation – sozusagen die biotische Resultierende aus Großklima und Bodenverhältnissen – schafft das Mikroklima, die Raumstruktur des Biotops, das Nahrungsangebot und für einige Arten auch die jeweiligen Eiablagesubstrate (siehe dazu S. 46, Ernährung und S. 27, Fortpflanzung). Höhe, Dichte und Geschlossenheit der Pflanzendecke bestimmen das bereits besprochene Mikroklima, dazu ergibt sich aus Form und mechanischen Eigenschaften der Pflanzen die Raumstruktur und damit die Gestaltung der Aktivitätsräume des Biotops. Adäquate Aktivitätsräume sind für den erfolgreichen Ablauf vieler Verhaltensweisen sehr wichtig. Die Strukturierungsskala reicht von fast strukturlosen Böden über schüttere Grashorste, lockere Wiesen, dichte Langgrasbestände und Schilf bis zum eng verfilzten Gebüsch. Bei fast allen Aktivitäten zeigen die Schrecken bezeichnende, strukturbedingte Unterschiede und Eigenheiten, die die Unterscheidung in Boden- und Vegetationsbewohner rechtfertigen.
Bei den Bodenbewohnern dominiert die laufende Fortbewegungsweise, die Kletterfähigkeit auf Pflanzen hält sich in Grenzen. Geraten sie aus irgendeinem Grund – etwa durch Flucht – in dichtere Vegetation, wirken ihre Fortbewegungsversuche durch die hohe Zahl von Fehltritten und -griffen recht unbeholfen, sie versuchen in solchen Fällen so rasch wie möglich wieder auf wenig strukturierte Flächen zu kommen. Die Flucht erfolgt bei Störung mit mehreren, oft sehr weiten Sprüngen oder Sprungflügen; praktisch alle Arten mit dieser Lebensweise sind recht gute Flieger mit starker Horizontalorientierung. Die guten Sichtverhältnisse in wenig strukturierten Biotopen lassen die optische Kontaktaufnahme der Geschlechter bei der Paarung zu Lasten der Stridulation hervortreten.
Die Vegetationsbewohner sind an die Struktur ihrer Aktivitätsräume gut angepaßt, sie sind geschickte und wendige Kletterer, die nur selten mit dem Boden in Kontakt kommen. Zur Flucht kann in dichten Pflanzenbeständen ein einziger Sprung ausreichend sein, um sich Feinden wirkungsvoll zu entziehen. Bei manchen durchaus gut flugfähigen Arten wird mitunter sogar dieser Aufwand vermieden, sie begnügen sich häufig mit einem schlichten „Fallenlassen" als Fluchtreaktion. Je dichter die Raumstruktur des Biotops, um so schwieriger gestaltet sich für Feinde eine Verfolgung oder Jagd. Einige Gruppen wie z. B. die Strauchschrecken (Gattung *Pholidoptera*) haben durch Flügelreduktion ihre Flugfähigkeit eingebüßt und dafür eine ungemein flinke und behende Kletterweise entwickelt. Sichtkontakte sind in solch dichten Raumstrukturen nur auf sehr kurze Distanzen hin möglich, was der akustischen Kontaktaufnahme der Geschlechter Gewicht verleiht. Die Männchen der Vegetationsbewohner sind aus ihren eingeschränkten Sichtverhältnissen heraus wesentlich stridulationsfreudiger als vergleichbare Männchen von bodenbewohnenden Arten.
Was den biotischen Faktor Tiere betrifft, sei auf S. 47 verwiesen. Demgegenüber besitzt der Mensch als biotischer Faktor wesentlich größeres Gewicht, was sich unschwer an der Gruppengefährdung ablesen läßt.

Gefährdung
Ein Blick in die Roten Listen lehrt, daß in der BRD rund 40%, in Österreich

etwa 60% der Schreckenfauna zumindest als gefährdet anzusehen sind. In anderen mitteleuropäischen Staaten scheint die Lage nicht viel besser zu sein.

Die Wurzeln der heutigen Gefährdungssituation reichen anerkanntermaßen zeitlich weit zurück; seit Beginn dieses Jahrhunderts haben sich die Ausrottungstendenzen bei vielen Tiergruppen – nicht nur den Schrecken – ungeheuer verschärft.

Läßt man gerade aktuelle und teilweise zeitbedingte Diskussionsgegenstände wie Großbauprojekte, Schadstoffemissionen usw. beiseite, so bleibt letztlich die Landschaftsveränderung über viele Jahrzehnte hinweg als gravierendste und zugleich vielfältigste Gefährdungsursache übrig. Je nach Auffassung lapidar oder zynisch ausgedrückt, könnte man dies als Folge des forcierten und geballten Einsatzes fossiler Energieträger für menschliche Zwecke bezeichnen.

Spätestens seit Mitte des 20. Jahrhunderts ermöglichen die Technik und das bereitgestellte Energiepotential eine immer intensivere, immer raumgreifendere und lückenloser werdende Nutzflächengewinnung. Es ist machbar geworden, auch ehedem unrentable Zonen wie Ödland- oder Sumpfbereiche in menschliche Produktionskreisläufe einzubeziehen, sei es durch Be- oder Entwässerung oder sonstige Maßnahmen.

Diese Entwicklung, die sich seit Jahrzehnten immer progressiver vollzieht, wird von großen Bevölkerungsteilen oft gar nicht oder nur sehr gelegentlich wahrgenommen. Die Einzelveränderungen erfolgen meist schleichend-unauffällig und sind zudem noch oft wie bei einem werdenden Puzzlespiel weit gestreut. Hinter dieser besonders für den heutigen Zeitbegriff scheinbar langsamen Vorgangsweise verbirgt sich aber die tödlichste Eigenschaft menschlicher Eingriffe in die Natur: die rasante Geschwindigkeit und Intensität des Vollzugs. Im Gegensatz zu erdgeschichtlich bedingten Veränderungen hängt das Überleben einer Art bei Veränderungen durch den Menschen fast ausschließlich von ihren ökologischen und kaum von ihren evolutiven Fähigkeiten ab. Anpassungen als Überlebensmöglichkeit sind bei der Rasanz unserer Eingriffe nicht gegeben.

Es liegt klar auf der Hand, daß unter solchen Voraussetzungen die anspruchsvolleren und empfindlicheren stenöken Arten am Beginn der Verlustlisten aufscheinen müssen. Selbst begrenzte und scheinbar geringfügige Veränderungen können leicht einzelne ihrer Requisiten betreffen und verheerende Auswirkungen haben. Je stenöker die Art, um so höher ist die potentielle Gefährdung selbst intakter Populationen!

Aufs höchste gefährdet sind jene Schreckenarten, deren Ansprüche nur mehr in wenigen und meist kleinen Restbiotopen erfüllt werden. Sofern diese letzten Refugien nicht in Naturschutzgebieten o. ä. liegen, ist jederzeit die Möglichkeit zur Ausrottung vorhanden. Es reicht ja die Beeinträchtigung eines einzigen Requisits aus, um eine gefährdete Art zum Verschwinden zu bringen. Hier fällt die Bedrohung sehr unterschiedlicher Arten wie etwa der Sattelschrecke (*Ephippiger ephippiger*) und der Schiefkopfschrecke (*Homorocoryphus nitidulus*) ins Auge. Die Sattelschrecke ist eine sehr wärmeliebende, an Steppenheidewald gebundene Form, deren Biotope durch Feld- und Weinbau immer mehr eingeengt wurde. Die Schiefkopfschrecke ist zwar gleichfalls wärmeliebend, aber ein Bewohner von feuchten, sumpfigen Vegetationsbeständen. Entwässerungen, Regulierung von Wasserläufen und Verbauung haben ihr Vorkommen schrumpfen lassen. Beide Arten sind heute in der BRD vom Aussterben bedroht (Gefährdungsstufe A 1). Ähnliche Situationen treffen für eine Reihe weiterer Arten zu.

Bessere Chancen besitzen die euryöken Formen, allein ihre Verbreitungsform kann zeitlich oder räumlich begrenzten Biotopzerstörungen die vernichtende Wirkung nehmen. Sofern die Beeinträchtigungen wieder abklingen, ist bei euryöken Arten immerhin die Möglichkeit der Wiederbesiedlung von ungestörten Arealen her vorhanden. Nach Verstreichen eines angemessenen Zeitraumes kann ein der ursprünglichen Situation ähnlicher Besiedlungszustand wieder erreicht werden. Obwohl Vergleichsangaben aus früheren Zeiten fehlen, stimme ich mit der vielfach geäußerten Ansicht überein, daß die in den letzten Jahrzehnten eingetretenen Veränderungen auch an den euryöken

Schreckenarten nicht spurlos vorübergegangen sind und vielfach zu starken zahlenmäßigen Rückgängen geführt haben.

Zum Abschluß erhebt sich zwangsläufig die Frage, wohin diese Entwicklung führen wird bzw. welches Naturbild unser Zivilisationsmosaik in Zukunft zeigen wird.

Ohne intensivierte und effektive Umwelt- und Naturschutzbemühungen wird mit zunehmender Dauer der menschlichen Kultivierungsmaßnahmen eine ganze Reihe von Schrecken und anderen Tier- und Pflanzenarten verschwinden und aussterben. Bei weiterer progressiver Reduzierung der Artenspektren wird eine Uniformierung auf zivilisationsresistente Formen eintreten, wie wir das in manchen Landschaften bereits vor Augen haben.

Welchen Umfang diese Faunen- und Florenverarmung erreichen wird, hängt nur vom Menschen und seiner Bereitschaft ab, der Natur den nötigen Platz nicht nur in Form von Naturschutzgebieten zuzugestehen.

Ernährung

Die Heuschrecken sind in erster Linie Pflanzenfresser, die keine besonderen Ansprüche an bestimmte Futterpflanzen stellen. Viele Gräser und Wegerichgewächse sind vorzugsweise ihre Nahrung, im Freiland ist das Futterangebot für sie meist so reichlich, daß kaum irgendwelche Mangelerscheinungen auftreten.

Die beißend-kauenden Mundwerkzeuge erlauben ein direktes Abbeißen der Nahrung von der Futterpflanze, viele Arten nehmen zur Futteraufnahme auch die Vorderbeine zu Hilfe, um größere Nahrungsstücke zum Mund zu führen. Manche Arten sind ausgesprochene Randfresser, wie z. B. der abgebildete Grashüpfer (Gattung *Chorthippus*, Bild 28), andere Arten tendieren zum Lochfraß vorzugsweise an Blättern, es gibt aber auch recht naschhafte Arten, die sich hin und wieder ganz gern an Früchten laben.

Die aufgenommenen Futtermengen sind im Verhältnis zum Körpergewicht recht hoch, die in einem Trockenbiotop lebende Blauflügelige Ödlandschrecke (*Oedipoda caerulescens*) nimmt pro Tag etwa ein Drittel ihres Körpergewichtes an Nahrung zu sich. Im Vergleich mit anderen Arten ist der Verzehr dieser Schrecke noch niedrig, was an ihrem ökonomischen Wasserhaushalt liegen dürfte, der durch die dicke, wenig wasserdurchlässige Körperdecke dem Biotop gut angepaßt ist. Die Caeliferen sind reine Pflanzenfresser, der Großteil der Ensiferen neigt zu Mischkost, aber nur die größeren Formen (Heupferde, Warzenbeißer, Wanstschrecke und Maulwurfsgrille) dürften regelmäßige Räuber sein, unter den kleineren Formen ist bei den Eichenschrecken (Gattung *Meconema*) ein Hang zu tierischer Nahrung vorhanden. Die räubernden Ensiferen fressen so ziemlich alles, was sie erwischen und überwältigen können. Die Beute wird angesprungen, mit den Vorderbeinen gepackt und mit kräftigen Mandibelbissen getötet. Die tierische Nahrung setzt sich aus kleineren Insekten und deren Larven, z. T. auch aus Weichtieren und Würmern zusammen, bei Beutemangel können die räuberischen Ensiferen auch pflanzliche Nahrung zu sich nehmen.

Echte Räuber, die keinerlei pflanzliche Kost zu sich nehmen, sind die Sägeschrecke (*Saga pedo*) und die Gottesanbeterin (*Mantis religiosa*). Erstere ist ein langsam umherstreifender Pirschjäger, der seine Beute aufstöbert, letztere ein reiner Ansitzjäger vom Lauerer-Typus.

Die Sägeschrecke, durch Körperfärbung und schlanke Gestalt bestens getarnt, streift mit eigenartig langsamen, pendelnden Bewegungen auf Beute und schlägt diese mit einem jähen, kurzen Sprung. Die auf der Innenseite stark bedornten Vorder- und Mittelbeine bilden einen Fangkorb, der den erbeuteten Tieren kaum mehr ein Entrinnen gestattet. Die Beute wird sofort nach dem Schlagen mit gezielten Bissen der sehr großen und kräftigen Mandibeln bewegungsunfähig gemacht; die Hauptnahrung der Sägeschrecke bilden Feldheuschrecken, kleinere Formen werden von ihren Mandibeln regelrecht zerschnitten. Zum Fressen verankert sich die Sägeschrecke mit ihren langen Hinterbeinen im Stengelgewirr und führt mit Vorder- und Mittelbeinen das erbeutete Tier zum Mund. Ihre kräftigen Mandibeln können auch die menschliche Haut durchschneiden und bei Biß kleine, blutende Wunden schlagen.

Bild 28. Randfraß an einem Halm von De Geers Grashüpfer (Chorthippus albomarginatus).

Ein rein lauernder Räuber ist die mit den Heuschrecken verwandte Gottesanbeterin, ihr Fangapparat besteht aus der stark bedornten Vorderschiene, die taschenmesserartig in eine Vertiefung des ebenfalls bedornten Vorderschenkels geklappt werden kann. Die Bezeichnung „Gottesanbeterin" rührt von ihrer mißverstandenen Fanghaltung her, bei der die Tiere ihre zusammengeklappten Vorderbeine erhoben vor sich her tragen. Die Tiere besitzen einen kleinen, aber überaus beweglichen Kopf mit relativ großen Facettenaugen. Sie sind sehr stark optisch orientiert und beobachten äußerst genau ihre Umgebung auf eventuelle Beute, außer ruckartigen Kopfbewegungen bleiben sie gänzlich regungslos. Kommt eine Beute in ihre Schlagweite, so ändert sich das blitzschnell; die Vorderbeine schnellen vor und klemmen das Beutetier zwischen Vorderschiene und Vorderschenkel ein. Der gesamte Schlagvorgang spielt sich in etwa 20 Millisekunden ab, während einer Sekunde könnten theoretisch 50 Fangversuche stattfinden.

Trotz dieser Fanggeschwindigkeit kommt es hin und wieder vor, daß die Beute entwischen kann. Die Gottesanbeterin hat dann entweder zu früh losgeschlagen oder sich vor dem Fangschlag doch geringfügig bewegt, um der Beute näher zu kommen. Im ersten Fall wird die Beute nicht vollständig erfaßt, so daß weitere Fangschläge folgen müssen. Im zweiten Fall wird das Beutetier durch die geringfügige Bewegung des Räubers gewarnt. Heuschrecken, seine Hauptnahrung, können so noch ihrerseits Zeit zum rettenden Fluchtsprung finden.

Sobald die geschlagene Beute ordentlich im Fangapparat festgeklemmt ist, wird mit dem Fressen angefangen. Meist wird am Kopf begonnen, bis auf Flügeldecken oder ähnlich derbe Teile wird die Beute restlos verzehrt.

Feinde und Parasiten

Spezielle Heuschreckenfeinde sind zumindest für den europäischen Raum nicht bekannt, als Freßfeinde kommen alle größeren Insektenfresser in Betracht, die eben gelegentlich auch Heuschrecken erbeuten können. Insektenfressende Säugetiere, Eidechsen und Vögel sind unter den Wirbeltieren die bedeutendsten Feinde. Insbesondere einige Sperlingsvögelgruppen wie z.B. die Würger (*Laniidae*) und die Schnäpper (*Muscicapidae*) scheinen öfters unter den Schrecken zu räubern.

Heuschrecken dienen ferner Spinnen, Raubwespen (Gattung *Sphex*), Raubfliegen (Gattung *Asilus*) und natürlich den gruppeneigenen Räubern wie der Sägeschrecke (*Saga pedo*) und der verwandten Gottesanbeterin (*Mantis religiosa*) als Nahrung. An Eiern, Larven und Imagines von Heuschrecken wurden bisher folgende Parasiten festgestellt: Bakterien, Protozoen (Einzeller), Nematoden (Fadenwürmer) sowie verschiedene Fliegen und Käferarten.

Bild 29. Schmarotzende Samtmilben (Thrombidiidae) an einem Deckflügel der Grauen Beißschrecke (Platycleis grisea).

Besonders auffällige Parasiten sind leuchtend-rote Samtmilben (*Thrombidiidae*), die häufig an Gelenken und Flügeln der Schrecken schmarotzen. Diese bis zu 2 mm langen Parasiten zeigt Bild 29 auf den Flügeln eines Weibchens der Grauen Beißschrecke (*Platycleis grisea*). In manchen Gegenden scheinen diese Hämolymphe (Blut) saugenden Schmarotzer eher Laubheuschrecken, in anderen wiederum eher Feldheuschrecken als Wirt vorzuziehen.

Heuschrecken und der Mensch

Die wirtschaftliche Bedeutung unserer Heuschreckenfauna ist äußerst gering, hin und wieder können einzelne räuberische Laubheuschrecken durch das Vertilgen von Schädlingen als nützlich in Erscheinung treten. Einige andere Arten, so die Wanstschrecke (*Polysarcus denticauda*), die Nadelholz-Säbelschrecke (*Barbitistes constrictus*) und die Italienische Schönschrecke (*Calliptamus italicus*) wurden etwa bis zur Mitte dieses Jahrhunderts gelegentlich bei gehäufterem Auftreten lästig bis schädlich. Seit Jahrzehnten ist derartiges nicht mehr vorgekommen, man kann daher bei unseren Heuschrecken kaum von Schaden oder Nutzen sprechen.

Etwas unangenehmer können allerdings die (kulturfolgenden synanthropen) Formen der Grillen und Schaben werden. Die Bekämpfung ist zwar einfach geworden, bei stärkerem Auftreten in lebensmittelproduzierenden Betrieben kann dies doch problematisch werden und zu kurzfristigen Produktionsausfällen führen.

Ein uraltes Problem stellen in großen Teilen der Welt die Wanderheuschrecken dar; die Verwüstungen ganzer Landstriche durch diese Tiere gab es sicherlich bereits vor dem Menschen auf der Erde. Die gewaltigen Schäden bestehen in der schlagartigen Vernichtung großer Mengen von Pflanzen zur menschlichen Ernährung oder in der Verwüstung von Weideland zur Tierzucht. Eine ganze Reihe von Staaten gab und gibt große Summen zur Bekämpfung dieser Schädlinge aus, für die Ernährungssituation von Millionen

Menschen in der Dritten Welt sind diese Tiere auch heute noch eine große Gefahr. Der explosionsartige Massenauftritt von Wanderheuschrecken war dem Menschen schon immer ein unheimliches und fürchterliches Ereignis ähnlich dem Erdbeben. Lange Zeit empfand der Mensch Heuschreckenplagen als die unabwendbare und durch kein menschliches Mittel zu verhindernde Strafe Gottes. Erst vor etwa 60 Jahren gelang es, dieses Naturphänomen wissenschaftlich zu erfassen und dessen Ursachen zu klären. Man weiß heute dank der Anstrengungen vieler Staaten und langwieriger Forschungsarbeiten, wie es zu dem folgenschweren Massenauftreten dieser Schädlinge kommt. Man weiß weiter, wie man dem begegnen kann und gleichzeitig auch, daß Heuschreckenkatastrophen niemals gänzlich zu verhindern sein werden. Was die Menschheit heute kann, ist, die Entwicklung der Schadarten zu kontrollieren und die Schäden soweit wie möglich in Grenzen zu halten.

Der Vergleich mit dem Erdbeben ist also durchaus zutreffend, wir wissen in beiden Fällen die Entstehungsursachen und die Bereiche, in denen diese Naturkatastrophen wahrscheinlich sind. Bei den Wanderheuschrecken kann man durch Überwachung abschätzen, wann ein Massenauftritt zu erwarten ist, und noch Gegenmaßnahmen ergreifen. Reichen diese nicht aus, so ist auch heute noch der Mensch dagegen ähnlich ohnmächtig wie bei einem Erdbeben. Nach wie vor gilt, daß ein einmal flugfähig gewordener Schwarm von Wanderheuschrecken nicht mehr zu stoppen ist. Der Wanderzug läuft genauso ab, wie wir es bereits in der Bibel (II, Mose 10, 13 ff., Joel Kap. 1, 2) und vielen anderen zeitgenössischen Berichten beschrieben finden.

Das Rätsel, das dem Menschen so lange unerklärlich war, lag – in des Wortes mehrfacher Bedeutung – in der Art des Erscheinens der Tiere. Die Wanderheuschrecken treten plötzlich in ungeheuren Massen auf, jegliche Vegetation auf ihrem Weg wird gefressen, die verwüsteten Wanderschneisen können sich über Tausende Kilometer erstrecken. Genauso plötzlich, wie sie auftauchen, verschwinden sie auch scheinbar spurlos wieder. Die immensen Schäden, die die Schwärme den betroffenen Gebieten zufügten, führten zur Gründung des Anti-Locust-Research-Centre's (ALRC) in London. Diese Institution sollte die Biologie dieser Schädlinge erforschen und wirkungsvolle Bekämpfungsmaßnahmen erarbeiten.

Es war zu dieser Zeit schon erkannt worden, daß die Schadarten sehr auffällig jeweils einer harmlosen, einzeln lebenden Heuschreckenart ähnelten. Die beiden Arten zeigten aber Unterschiede in der Lebensweise und bei bestimmten Körpermerkmalen. Unter der Leitung von Dr. B. P. UVAROV begann man im ALRC, solche Arten zur Erforschung ihrer Biologie zu züchten. Im Jahre 1921 machte UVAROV die entscheidende Entdeckung, daß aus der harmlosen, einzeln lebenden Art nach mehreren Generationen die schwärmende Schadart hervorgehen konnte. UVAROV und seinen Mitarbeitern verdanken wir die Erkenntnis, daß es sich bei dem Phänomen der Wanderheuschrecken um die Phasenbildung einer Art mit Massenwechsel handelt. Unter bestimmten, günstigen Bedingungen können aus den einzeln lebenden, seßhaften Individuen der Solitärphase nach zumindest drei Generationen die gesellig lebenden, wandernden Individuen der Gregärphase entstehen. Mit dieser Entdeckung war das rätselhafte, plötzliche Auftauchen und Verschwinden der Wanderheuschrecken geklärt. Leider ging mit der UVAROVschen Erkenntnis der Schwarmbildungsursache eine weitere Hand in Hand, nämlich das Erkennen der Bekämpfungsgrenzen dieser Landplage. Die Siedlungsareale der Solitärphasen erstrecken sich teilweise über ganze Kontinente, und bei entsprechenden Bedingungen kann jederzeit und irgendwo die Gregärphase entstehen und zu einem Wanderheuschrecken-Ausbruch führen.

Solitär- und Gregärphase sind die Extreme einer sehr weiten Variationsbreite, zwischen denen es alle möglichen Übergangsformen gibt, die unter der Bezeichnung »Phasis transiens« zusammengefaßt werden.

In fast allen Entwicklungsstadien sind äußerliche Unterschiede zu bemerken. Bei der Gregärphase sind Kopf und Brust anders proportioniert und geformt als bei der Solitärphase, die Flügel sind länger, die Hinterschenkel verkürzt. Diese morphologischen Unterschiede ließen die frühere Auffassung entstehen, daß es sich um verschiedene Heuschreckenarten handle. Die Weibchen der Gregärphase besitzen zwar eine geringere Fruchtbarkeit, ihre Eier entwickeln sich aber meist schneller als die der Solitärphase. Die Larven der Solitärphase sind unauffällig graugrün oder graubraun gefärbt, die der Gregärphase lebhaft-dunkel. Die Aktivität von gregären Larven ist rund dreimal höher als von solitären Larven und mit entsprechend erhöhtem Sauerstoffverbrauch und Nahrungskonsum verbunden. Mit der Bezeichnung „Wanderheuschrecke" wurde eine ganze Reihe von Caeliferenarten aus drei Unterfamilien versehen, neun Arten erlangten durch ihre riesigen Schwärme größere Bedeutung. Als klassische Wanderheuschrecke schlechthin gilt *Locusta migratoria*, die vier unterschiedliche, geographisch getrennte Wanderphasen ausbilden kann. Dies sind *L. m. migratoria* von Zentralasien bis Südosteuropa, in Südostasien *L. m. manilensis*, im Steppenbereich des heißen Afrika *L. m. migratorioides* sowie die madagassische Lokalform *L. m. capito*.

Die Wüstenheuschrecke (*Schistocerca gregaria*) besiedelt Nordafrika und Vorderasien, eine ähnliche Verbreitung hat die Marokkanische Heuschrecke (*Dociostaurus maroccanus*). Die Südafrikanische Wanderheuschrecke (*Locustana pardalina*) wird in Südwestafrika schädlich, die Rotflügelige Wanderheuschrecke (*Nomadacris septemfasciata*) in Südostafrika. In Zentralamerika und dem östlichen Südamerika kann die Südamerikanische Wanderheuschrecke (*Schistocerca paranensis*) gigantische Schwärme bilden, in Nordamerika ist die Felsengebirgsheuschrecke (*Melanoplus mexicanus*) zu Massenauftreten befähigt. Auch in Australien gibt es zwei Schadarten, *Chortoictes terminifera* im Südosten und *Gastrimargus musicus* im Norden.

Wie man sieht, ist kein bewohnbarer Kontinent von schwarmfähigen Heuschrecken frei, lediglich das hohe Wärmebedürfnis begrenzt deren Verbreitungsareale etwa in den gemäßigten Breiten. Aber auch diese sind nicht vor Einfällen der mobilen Tiere sicher, wie dies aus Europa, Ostasien und Nordamerika bekannt ist. In vergangenen Zeiten stießen wiederholt Schwärme der Wanderheuschrecke (*Locusta migratoria*), aus Brutgebieten Südosteuropas kommend, quer über Mitteleuropa bis zu den Britischen Inseln vor und konnten in manchen Gegenden der Bevölkerung eine empfindliche Verknappung oder Verteuerung von wichtigen Lebensmitteln bescheren. Die intensive Kultivierung Südosteuropas im letzten Jahrhundert schränkte die Brutgebiete stark ein und unterband weitere Einfälle nach Mitteleuropa.

Die Schwärme können ungeheure Ausmaße erreichen. Aus Südamerika ist ein Schwarm von *Schistocerca paranensis* bekannt geworden, der 210 km lang und 20 km breit war! Die altweltlichen Arten stehen dem aber nicht nach, von 1926 bis 1931 durchquerten insgesamt zehn Generationen der Wanderheuschrecke (*Locusta migratoria migratoroides*) Afrika tour/retour. 1951/52 und 1957 erreichten Schwärme der Wüstenheuschrecke (*Schistocerca gregaria*) aus Somaliland (Ostafrika) über das Rote Meer die arabische Halbinsel und drangen über den Persischen Golf vorstoßend bis nach Persien, Pakistan und Indien vor, ähnliches geschah 1967/68. Diese Beispiele sind willkürlich herausgegriffen und keine Zusammenfassung. Schätzungen für rezente Schwärme geben Zahlen bis zu Milliarden Individuen an.

Die Mobilität der flugfähigen Imagines ist beträchtlich, sie erreichen zwar bei Windstille nur eine Fluggeschwindigkeit von etwa 16 km/h, doch sorgen gewöhnlich Luftströmungen für wesentlich höhere Wandergeschwindigkeiten. Geflogen wird während des Tages, sobald die Temperatur für die wechselwarmen Tiere hoch genug ist. Während des Fluges können die Körpertemperaturen durch die Flugaktivität bis zu 6 °C über der vorherrschenden Lufttemperatur liegen.

Solange die Schwärme niedrig fliegen, können sie sich in jeder Richtung bewegen, legen aber nur kurze Strecken zurück. Bei Langstreckenflügen erreichen die Schwärme Flughöhen zwischen 300 und 500 m über dem Boden. Der in dieser Höhe vorhandene Wind verdriftet die Schwärme, bestimmt die Flugrichtung und erhöht die Wandergeschwindigkeit. Die solcherart zurückgelegten Strecken können pro Tag mehrere hundert Kilometer betragen, Teile von Heuschreckenschwärmen sind über offener See 300 km von der nächsten Küste entfernt gesichtet worden!

Die Brutstätten sind der Ausgangspunkt jedes Schwarmes und liegen fast durchweg in Halbwüsten oder Steppen mit mosaikartiger Vegetationsverteilung. Bei einzelnen Arten sind die Schwarmbildungszentren lokalisiert und bekannt, bei anderen Arten sind die in Frage kommenden Areale überaus groß. Stets sind diese Gebiete fähig, bei reichlicheren Niederschlägen eine üppige Vegetation hervorzubringen und so die Nahrungsgrundlage für ein Massenauftreten zu schaffen. Einmalige, günstige Umweltbedingungen ermöglichen aber noch keinen Massenausbruch mit Millionen oder Milliarden Tieren. Ausschlaggebend für die Phasenbildung ist die kombinierte Wirkung mehrerer Faktoren: günstige Umweltbedingungen (Temperatur, Feuchtigkeit und Photoperiode über mehrere Generationen) sind die Voraussetzung dafür. Weitere Faktoren sind die Konzentration der Individuen auf engstem Raum sowie die Fähigkeit der Art zum Wanderverhalten. Hierzu besitzen die als Wanderheuschrecken bekannten Arten eine eindeutige Anlage. Es gibt andere Heuschreckenarten (übrigens auch bei den Ensiferen), die durch einen Massenwechsel eine höhere Populationsdichte als die Wanderheuschrecken erreichen können, ohne daß es zu einer Phasenbildung und zu Wanderverhalten kommt. Da die Wanderheuschrecken der Solitärphase in sehr instabilen Gebieten leben, bedeutet die Fähigkeit zur Phasenbildung eine zusätzliche Absicherung der Art mit positivem Selektionswert.

Gewöhnlicherweise erreichen nur etwa 2% oder noch weniger der gelegten Eier das Imaginalstadium. Bleiben jedoch die Umweltbedingungen während der Embryonal- und Larvalentwicklung optimal, so kann der Anteil der bis zur Geschlechtsreife gelangenden Tiere auf 80 bis 90% ansteigen. Das entspricht einer Populationsvergrößerung auf das 40fache! Zur Schwarmbildung sind mindestens noch zwei weitere Generationen mit ähnlich guten Entwicklungsbedingungen nötig.

Die Populationen wachsen von Generation zu Generation exponentiell an, der Ausbruch erfolgt dann explosionsartig. Ein Quadratmeter Boden in einem Ausbruchsgebiet kann bis zu 1000 Eipakete mit bis zu 20 Eiern pro Paket, also bis zu 20 000 Eiern enthalten. Auch wenn nur ein Teil der Eier zum Schlüpfen kommt, ist klar, daß die zur Verfügung stehende Vegetation zur Ernährung der Larven nicht ausreicht. Eine Ortsveränderung der Larvenmassen ergibt sich innerhalb kürzester Zeit durch den Kahlfraß der Pflanzen. Der enge Kontakt der Larven bringt soziale Stimuli und Dichteeffekte mit sich, die das Wanderverhalten verstärken. Dazu dienen die anregenden Wirkungen von optischen und taktilen Reizen (Sicht- und Berührungsreize), die Ausscheidung eines eigenen Wanderduftstoffes (Pheromon Locustol) und anderes mehr. All diese Faktoren regen die Larven zu erhöhter Aktivität und zum Wanderverhalten an. Ballungszentren der Larvenmassen sind die Grenzgebiete unterschiedlicher Vegetationsbestände, die den Kontakt zwischen einzelnen Larvenhaufen begünstigen und dem Wanderzug durch ihre Struktur eine Richtung geben. Bereits die wandernden Larven lassen, in breitem Bogen dahinziehend, eine verwüstete und kahlgefressene Vegetation in Bodennähe hinter sich. Nach rund sechs Wochen können sie das Imaginalstadium erreichen, wodurch sich ihre Mobilität und Gefährlichkeit schlagartig erhöht. Bei weiteren Wanderflügen bilden die Wanderheuschrecken langgestreckte Formationen, die die Sonne verdunkeln können. Wo sich eine derartige Heuschreckenwolke niederläßt und fressend weiterwandert, bleibt von Pflanzen kaum etwas übrig. Äste brechen unter dem Gewicht der einfallenden Schrecken ab, jedes erreichbare Stück Grünzeug wird gefressen. Der tägliche Nahrungsbedarf entspricht dem Eigengewicht des Schwarmes, ein Vielfaches davon wird durch die mechanischen Einwirkungen der Tiere vernichtet. Bei einem nicht allzu großen Schwarm mit 25 Millionen Individuen (à 2 Gramm) bedeutet dies, daß täglich 50 Tonnen pflanzliche Substanzen gefressen werden und etliche hundert Tonnen zerstört werden. Die größten bekannten Schwärme wurden auf viele Milliarden Einzeltiere geschätzt! Die angerichteten Schäden wiegen um so schwerer, da die Schwärme meist Weltgegenden heimsuchen, die ohnedies nicht mit einer unbedingt üppigen Pflanzenwelt versehen sind.

Der Wind bestimmt die Flugrichtung eines Schwarmes, den fliegenden Wanderheuschrecken kommt ein Windeffekt in Form einer „Transportautomatik" in für sie günstige Gebiete zugute. Die meteorologischen Verhältnisse sind meist so, daß die Schwärme in Niederdruckzentren verdriftet werden. In diesen semiariden Regionen bedeuten Niederdruckzentren ergiebige Niederschläge, die das Pflanzenwachstum erheblich fördern. Das ist für den Fortgang der Wanderphase eine überaus wichtige Voraussetzung, da sie die Ernährungssituation des Schwarmes sichert oder sogar verbessert. Die Feuchtigkeit der Niederschläge schafft außerdem günstige Bedingungen zur Eiablage und zur Embryonalentwicklung der abgelegten Eier. Die Generationen können einander ablösen und mit kurzen, entwicklungsbedingten Pausen den Schwarmvorgang fortführen.

Hauptsächlich klimatische Änderungen setzen dieser Entwicklung schließlich in irgendeiner Form ein Ende, die Schwärme können in für sie zu kühle oder trockene Bereiche vorstoßen oder auch von ungünstigen Winden auf die Ozeane oder in Wüsten vertragen werden. Die Schwärme können zerreißen, Verluste durch Nahrungsmangel oder Räuber dezimieren sie und bewirken ein Abebben. Den überlebenden Exemplaren fehlen die Stimuli zur Gregärphase, sie kehren generationenweise zur zerstreut lebenden Solitärphase zurück, die außerordentlich große Gebiete mit sehr geringer Populationsdichte besiedeln kann. Nach vielen Generationen, wenn wieder günstige Bedingungen zur Ausbildung einer Gregärphase eintreten, kann es zur neuerlichen Schwarmbildung kommen und sich der Vorgang wiederholen.

Die wichtigsten Mittel zur Bekämpfung der Wanderheuschrecken stellen das Wissen um den Mechanismus der Phasenbildung und die Kontrolle möglicher Ausbruchsgebiete dar. Wird ein Schwarm unbemerkt adult und flugfähig, so ist er auch mit modernen technischen Mitteln kaum mehr aufzuhalten. Die Bekämpfung von Flugzeugen aus oder mit fahrbaren Feuerkanonen und Flammenwerfern kann zwar Millionen von Schrecken vernichten, bei großen Schwärmen sind dies aber nur wenige Prozent oder gar nur Promille des gesamten Schwarmes, deren Vernichtung kaum bemerkbar ist.

Große Bedeutung bei der Bekämpfung kommt der Wetterbeobachtung via Satelliten und Kontrollen potentieller Brutgebiete nach anhaltenden und reichlichen Niederschlägen zu. Solange die Larvalentwicklung noch nicht abgeschlossen ist, kann das Problem noch in den Griff bekommen werden. Bei einigen Wanderheuschreckenarten setzt natürlich die Weite der von der Solitärphase besiedelten Gebiete den Kontrollen eine räumliche und wirtschaftliche Grenze.

Im günstigsten Fall werden bereits die Anhäufungen von Eigelegen in einem Brutgebiet registriert und durch tiefes Umpflügen des Ablageareals vernichtet. Großräumigere Maßnahmen werden notwendig, wenn der Ausbruch erst nach dem Schlüpfen der Larven bemerkt wird. Das Brutgebiet muß dann rasch abgegrenzt werden, um die Larvenmassen konzentriert bekämpfen zu können. Bei bereits flugfähigen Schwärmen kann man nur hoffen, daß ein Wetterumschwung die Beweglichkeit der Imagines herabsetzt und eine direkte Bekämpfung ermöglicht.

Auffällige Variationen und Abweichungen

Jede Art von Lebewesen, sei es Tier oder Pflanze, ist durch die uneingeschränkte Fortpflanzungsfähigkeit der Artangehörigen (= genetische Kompatibilität der Artindividuen) auf natürliche Weise definierbar und von anderen Arten abgrenzbar. Innerhalb des genetischen Rahmens einer Art, der alle morphologischen, physiologischen, ökologischen, ethologischen etc. Charakteristika der Art umfaßt, ist eine mehr oder minder große Variationsbreite gegeben, die ebensolche Abweichungen bei einzelnen Merkmalen zuläßt. Die Kenntnis derartiger Abweichungen ist für die Bestimmung unbekannter Tiere von Bedeutung, da hier die morphologischen Merkmale im Vordergrund stehen. Die Heuschrecken können bei der Körperfärbung und der Flügellänge z. T. beachtliche Variationen oder Abweichungen zeigen, die hier etwas näher behandelt werden sollen.

Körperfärbung

Die Färbung kommt durch diverse Farbstoffe (Melanine, Ommochrome, Pteridine, Carotinoide) der Körperdecke zustande. Die Zusammenstellung der verschiedenen Farbstoffe und damit die Färbung der Tiere wird vom Licht, der Temperatur, der Umgebungsfarbe, der Ausprägung von genetischen Farbtendenzen und zum Teil auch durch Gruppeneffekte beeinflußt bzw. bestimmt. Weiter ist die Färbung bei vielen Arten keineswegs festgelegt, sondern in gewissen Grenzen durch diese Faktoren jederzeit veränderbar.

Diese Modifizierungsmöglichkeiten bringen eine hinsichtlich des Färbungsspektrums recht bunte Heuschreckenpalette hervor, deren Farbtöne von einem bleichen, weißlichen Grau über Braun, Grün, Gelb, Rot und Blauviolett bis zu tiefem Schwarz reichen. Die meisten Tiere besitzen aber eine irgendwie ihrem Biotop angepaßte Körperfärbung. So sind die Vegetationsbewohner meist grün oder grünlich gefärbt, Abweichungen sind eher selten. Die Bodenbewohner weisen in der Regel eine grau-bräunliche Körperfärbung auf, die Häufigkeit von unregelmäßiger Körperfärbung (Fleckung, Streifung) und Farbabweichungen ist höher als bei den grünen, phytophilen Formen. Die Tendenz und der Spielraum zu Färbungsvariationen ist bei den Caeliferen größer als bei den Ensiferen, die in ihrer Färbung relativ konstant sind.

Dennoch kann man bei den Ensiferen mitunter auch recht auffällig gefärbte Tiere bemerken. Bild 30 zeigt ein dunkelgrau/schwärzlich gezeichnetes Männchen des Warzenbeißers (*Decticus verrucivorus*), das sonst meist eine grüne Färbung mit dunklerer Fleckung aufweist. Eine rötliche Färbungsvariante der Gemeinen Strauchschrecke (*Pholidoptera griseoaptera*) ist in Bild 31 zu sehen, die meisten Exemplare dieser Schrecke sind graubraun gefärbt (siehe auch Seite 102). Die normalerweise lebhaft grasgrün gefärbte Beißschrecke *Metrioptera bicolor* (siehe auch Seite 106) gibt es auch in bräunlichen Exemplaren, wie das aus Bild 32 ersichtlich ist. Bräunliche Färbungsvariationen sind auch von der Schiefkopfschrecke (*Homorocoryphus nitidulus*) und der Gemeinen Sichelschrecke (*Phaneroptera falcata*) bekannt, die mei-

Bild 30. Warzenbeißer (Decticus verrucivorus) mit melanistischer Färbungstendenz. (Häufigste Färbungsform: Grün; siehe Seite 113)

Bild 31 (links oben). Gemeine Strauchschrecke (Pholidoptera griseoaptera), rötliche Farbvariation. (Häufigste Färbungsform: Grau; siehe Seite 103)

Bild 32 (links unten). Grüne Beißschrecke (Metrioptera bicolor), bräunliche Farbvariation. (Häufigste Färbungsform: Grün; siehe Seite 107)

Bild 33 (rechts oben). Große Goldschrecke (Chrysochraon dispar), rote (rufinistische) Farbvariation. (Häufigste Färbungsform: Grau bis Grüngrau; siehe Seite 137)

Bild 34 (rechts unten). Große Goldschrecke (Chrysochraon dispar), goldgelbe Farbvariation.

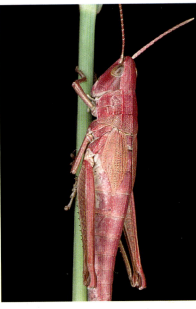

sten Ensiferen tendieren zu rötlichen oder bräunlichen Farbverschiebungen gegenüber der jeweils häufigsten Färbungsform. Von Haus aus sehr lebhaft gefärbte Formen mit vielfältiger Körperzeichnung sind bei den Ensiferen die Buntschrecken (Gattung *Poecilimon*, siehe Seite 92) und die Säbelschrecken (Gattung *Barbitistes*, siehe Seite 90), eine sehr konstante Färbung weisen die glasig-grünen Eichenschrecken (Gattung *Meconema*) auf.
Bei den Caeliferen ist das zu beobachtende Farbenspektrum um etliche Farbnuancen reichhaltiger. Die gewöhnlich grau gefärbte Große Goldschrecke (*Chrysochraon dispar*, siehe Seite 136) kann in intensiv-roten wie in gelb-goldenen Varianten vorzufinden sein, wie dies die Bilder 33 und 34 zeigen. Auch die Grashüpfer der Gattung *Stenobothrus* und *Chorthippus* können recht „Bunte Hunde" hervorbringen, wie das gelbe bzw. blauviolette Exemplar von Bild 35 bzw. Bild 36.

Seite 56:
Bild 35 (oben). Grashüpfer aus der Gattung Stenobothrus, gelbliche Farbvariation (siehe Text).

Bild 36 (unten). Grashüpfer aus der Gattung Stenobothrus, blauviolette Farbvariation.

Seite 57:
Bild 37 (oben). Blauflügelige Ödlandschrecke (Oedipoda caerulescens), sandgelbe Farbvariation.

Bild 38 (unten). Blauflügelige Ödlandschrecke (Oedipoda caerulescens), melanistische Farbvariation.

Die bodenbewohnenden Caeliferen zeigen sehr weitreichende Farbanpassungen an die jeweilige Bodenfarbe. Die überaus farbvariable Blauflügelige Ödlandschrecke (*Oedipoda caerulescens*) gibt es in fast allen nur möglichen Grau- und Brauntönen. Ihr Färbungsspielraum umfaßt alle Töne von Hellgelblich (Bild 37) bis zu Blauschwarz (Bild 38), die Oberseite des Halsschildes kann noch zusätzliche Farbzeichnungen tragen, der häufigste Farbton ist bei dieser Schrecke ein Aschgrau (siehe Seite 126).

Flügellänge

Die meisten Modifikationen der Flügellänge betreffen die Langflügeligkeit ansonsten kurzgeflügelter Arten, es gibt aber auch das Gegenteil, nämlich das Auftreten von kurzgeflügelten Exemplaren bei manchen langgeflügelten Arten.

Zur Unterscheidung der vielfältigen Flügellängen der Heuschrecken hat man Bezeichnungen gefunden, die hier samt entsprechenden Beispielen etwas näher erläutert seien. Die Kenntnis dieser Bezeichnungen und ihrer wesentlichen Kriterien wird sich im Bestimmungsteil bezahlt machen.

Als apter werden alle vollkommen flügellosen Arten mit gänzlich rückgebildeten Flügeln bezeichnet (z. B. die Höhlenschrecken der Gattung *Troglophilus*).
Als hypopter werden jene Arten bezeichnet, die schuppenförmige bis höchstens hinterleibslange Deckflügel aufweisen. Die Hinterflügel sind vollkommen bis stark reduziert, die Tiere sind – sofern keine Variation vorliegt – nicht flugfähig.

Als eupter werden alle flugfähigen Arten bezeichnet, deren Flügel länger als der Hinterleib sind; sind die Deckflügel kürzer als die Hinterflügel (z. B. bei der Gemeinen Sichelschrecke, *Phaneroptera falcata*), so wird dies als parapter bezeichnet. Die etwa gleich langen Flügelpaare z. B. des Großen Grünen Heupferdes (*Tettigonia viridissima*) bezeichnet man als macropter.

Über die Zusammenhänge bei abweichenden Flügellängen ist noch nicht sehr viel bekannt, neben einer genetischen Disposition dürften noch etliche andere Faktoren einen Einfluß darauf besitzen. Histologische Untersuchungen von macropteren Individuen ansonsten hypopterer Formen zeigten vielfach eine deutliche Reduktion der Gonaden. Bei etlichen Arten ist die erfolgreiche Fortpflanzung solcher Individuen nachgewiesen, bei anderen Arten scheint sie zumindest in Frage zu stehen.

Bild 39 (oben). Kleine Goldschrecke (Euthystira brachyptera), macropteres Weibchen (forma homoptera) der sonst hypopteren Art.

Bild 40 (unten). Große Goldschrecke (Chrysochraon dispar), macropteres Weibchen (forma platypterus) der sonst hypopteren Art.

Bild 41. Roesels Beißschrecke (Metrioptera roeseli), makropteres Weibchen (forma diluta) der sonst hypopteren Art.

Relativ häufig sind langflügelige Exemplare im weiblichen Geschlecht der Kleinen Goldschrecke (*Euthystira brachyptera*) vorzufinden, ein macropteres Exemplar der sonst hypopteren Schrecke zeigt Bild 39. Bei der Großen Goldschrecke (*Chrysochraon dispar*) sind derartige Exemplare (Bild 40) bedeutend seltener. Bild 41 zeigt ein macropteres Weibchen von Roesels Beißschrecke (*Metrioptera roeseli*). Makropterie-Erscheinungen sind aber nicht auf das weibliche Geschlecht beschränkt, im männlichen Geschlecht scheinen sie nur seltener bemerkt zu werden.

Neben diesen eher unregelmäßigen und selteneren Flügellängenmodifikationen treten bei vielen Heuschreckenarten regelmäßig geringere und damit unauffälligere Flügelvariationen auf. Bild 42 zeigt ein kürzer geflügeltes, aber immer noch als macropter anzusehendes Exemplar der Säbeldornschrecke (*Tetrix subulata*), die sonst deutlich längere Flügel besitzt (vergleiche auch Seite 116).

Geschlechtsspezifische Unterschiede der Flügellänge sind bei fast allen hypopteren Arten zu bemerken. Während die Weibchen vielfach nur recht kleine Flügelschüppchen aufweisen, besitzen die dazugehörigen Männchen deutlich größere Flügel. Dieser Geschlechtsdimorphismus zeigt die unterschiedliche Bedeutung der Flügel bei diesen flugunfähigen Arten auf. Die Beteiligung der Flügel am Stridulationsapparat schränkte bei den Männchen der Reduktion ein; auch bei stark reduzierten Flügeln ist zumindest der Basalteil mit dem Stridulationsorgan erhalten geblieben. Die bedeutend geringere Stridulationsneigung des weiblichen Geschlechtes gestattete hingegen bei Reduktionstendenzen eine weiterreichende Flügelverkleinerung als im männlichen Geschlecht.

Bild 42. Säbeldornschrecke (Tetrix subulata forma attenuata), die forma attenuata zeigt gegenüber der Nominatform etwas verkürzte Flügel (siehe Text!).

Sammlung und Präparation

Der Sinn oder Unsinn von Sammlungen ergibt sich aus deren Verwendungszweck. Alles andere als fachliche Gründe sind bei entomologischen Sammlungen – unter den heutigen Gegebenheiten auch bei ungefährdeten Tiergruppen – abzulehnen. Es sollte nur der mit dem Sammeln von Heuschrecken beginnen, der sich tatsächlich auf lange Zeit und intensiver mit diesen Tieren beschäftigen will, so daß eine Vergleichs- oder Lokalsammlung wirklich von Nutzen ist und bei entsprechender Sorgfalt auch wissenschaftlichen Wert erlangen kann. Alles andere ist im Endeffekt nur unnützes Töten von Tieren. Ich möchte in diesem Zusammenhang noch ausdrücklich darauf hinweisen, daß die Gefährdungssituation der Arten und die entsprechenden Naturschutzbestimmungen der einzelnen Staaten zu beachten und strikt einzuhalten sind!!
Für den Heuschreckenfang ist der Kescherfang nicht so ratsam wie bei anderen Insektengruppen, da die Schrecken durch die Kescherschläge oft schwer beschädigt werden oder die Hinterbeine abwerfen. Es empfiehlt sich der Einzelfang (Handfang) mit einem Blütennetz (kleines und kürzeres Schmetterlingsnetz) oder kleinen, durchsichtigen Plastikbehältern.
Der Fang mit dem Blütennetz ist für Bodenbewohner gut geeignet; es wird dazu rasch und plötzlich über das zu fangende Tier geschlagen und unter gleichzeitigem Verschließen mit der anderen Hand wieder vom Boden abgehoben. Das gefangene Tier kann dann vorsichtig dem Blütennetz entnommen und in einen geeigneten Transportbehälter gegeben werden.
Der Fang mit durchsichtigen Plastikröhrchen (Durchmesser etwa 3 bis 4 cm) ist bei Gebüschbewohnern angebracht.

Der Plastikbehälter wird dabei langsam und behutsam unter Vermeidung von fluchtauslösenden Aktionen (rasche, fahrige Bewegungen) über das Tier gestülpt, in den letzten Momenten springen die meisten Schrecken von selbst in den Behälter. Möglichst gleichzeitig nähert sich – ebenfalls langsam und ruhig – die andere Hand und verschließt den Behälter, sobald das Tier darin ist. Anschließend wird die Plastikdose vorsichtig mit dem Verschluß versehen, besitzt dieser noch kleine Löcher zum Luftdurchtritt, so kann der Fangbehälter auch als Transportbehälter fungieren.

Als Transportbehälter eignen sich fest verschließbare Leinensäckchen oder möglichst durchsichtige und etwas größere Plastikbehälter, die in irgendeiner Weise ausreichend luftdurchlässig gemacht wurden. Geeignete Plastikbehälter sind – im Küchenbedarfshandel meist als Vorratsdosen deklariert – recht günstig zu bekommen. In größere Behälter – auch in größere Leinensäckchen – sollte immer ein wenig trockene (!!) Vegetation als Kletterstruktur beigegeben werden; der Mensch fühlt sich in einem total kahlen Zimmer auch nicht sonderlich wohl! Grüne Vegetation ist für Plastikbehälter ungeeignet, da sie diesen doch Kondenswasserbildung verschwitzt! Sobald als möglich sollten nun die gefangenen Tiere bestimmt werden. Bei Präparationsabsicht wird für jedes Exemplar eine kleine Bestimmungsetikette angefertigt, auf der die Gattung und Art, das Funddatum, der Fundort sowie Sammler und Bestimmer vermerkt sind. Es muß betont werden, daß jegliche Sammlung ohne diese Angaben völlig sinnlos und wertlos ist!

Nachfolgend ein Beispiel einer korrekten Etikettierung, dessen Genauigkeit nach Belieben ergänzt werden kann:

Gattung + Art	*Troglophilus cavicola*
Datum	29. Januar 1978
Ort / Gebiet	Gaaden / Niederösterreich
Sammler (leg.) + Bestimmer (det.)	leg. + det. H. Tauscher

Die Präparation beginnt mit dem sachgemäßen Abtöten der Tiere, zweckmäßigerweise in einem eigenen Tötungsglas durch Dämpfe von Alkohol, Essigäther (Äthylacetat) oder Zyankali. Es ist ratsam, nach Handhabung des Tötungsglases zur Sicherheit immer die Hände zu waschen! Eine andere Möglichkeit zum Abtöten, insbesondere von kleineren Schrecken, besteht im Tieffrieren (mindestens −15°C). Zur Sicherheit sollten die Schrecken gut eine Stunde im jeweils verwendeten Tötungsmedium verbleiben. Das Abtöten mit Alkohol ruft stärkere, rötliche Verfärbungen des Präparates hervor. Eine Präparationsmethode, bei der die Färbung gänzlich erhalten bleibt, existiert nicht. Nach einiger Zeit nehmen alle Präparate eine bräunliche Färbung an, nur bei manchen grünen Formen (wie *Tettigonia, Phaneroptera, Conocephalus, Meconema* usw.) ist die Erhaltung der grünen Körperfärbung durch eine Spezialbehandlung (befristetes Einlegen in ein spezielles Acetongemisch) möglich.

Bei größeren und dickleibigen Tieren (*Decticus, Polysarcus, Psophus* usw.) ist es nach dem Töten empfehlenswert, die Eingeweide zu entfernen, um ein Faulen der Präparate zu verhindern. Dazu wird zwischen Kopf und Halsschild ein nicht zu großer Schnitt in die Halshaut gemacht, durch den die Weichteile mit einer feinen Pinzette vorsichtig entfernt werden können. Damit der Hinterleib bei der nachfolgenden Trocknung nicht zusammenfällt, sollte dieser entweder mit Watte oder – eleganter und besser – mit flüssigem Wachs aus einer gewärmten Pipette aufgefüllt werden (Präparation nach KALTENBACH).

Anschließend werden die Schrecken durch den Thorax genadelt, mit der entsprechenden Bestimmungsetikette versehen und auf eine weiche Unterlage (Torf oder Kunststoff) gesteckt. Die Beine werden ausgerichtet und wenn nötig mit Nadeln fixiert, desgleichen die Fühler. Bei den langen Fühlern der Ensiferen ist es zweckmäßig, sie an den Körper angelegt zu präparieren, um die Bruchgefahr für später zu verringern. Die Tiere können natürlich auch auf einem Spannbrett präpariert werden, was eine gespannte Flügelpräparation ermöglicht, die bei Arten mit Bestimmungsmerkmalen auf den Flügeln besonders vorteilhaft ist. Die so angefertigten Präparate werden mit einer luftdurchlässigen Abdeckung als Staubschutz versehen etliche Wochen getrocknet, nach der Trocknung sind sie fertig und können in den Sammlungskasten übertragen werden.

Der Nachteil der Trockenpräparation besteht darin, daß man bei späteren Untersuchungen von Weichteilen die ganzen Präparate in einer „feuchten Kammer" wieder aufweichen muß, um Weichteile wie Genitalarmaturen usw. in Augenschein nehmen zu können. Dazu bringt man das Präparat in einen dicht schließenden Behälter geeigneter Größe ein, für die nötige Feuchtigkeit sorgt ein angefeuchtetes Tuch, Schwamm o. ä. Je nach Größe des präparierten Tieres und der Temperatur beim Aufweichen ist das Präparat nach etwa einer Woche wieder weich und beweglich und für eine Untersuchung der gewünschten Art geeignet. Achtung auf Schimmelbildung während der Aufweichzeit, eventuell ein Fungizid beigeben!

Nach erfolgter Untersuchung muß ein derartig aufgeweichtes Trockenpräparat wieder neu präpariert werden.

Eine Alternative zur Trockenpräparation ist die Konservierung in Glyzerinalkohol (gut bewährtes Gemisch: 10 Teile Glyzerin, 90 Teile 70%igen Alkohol). Da das Gemisch auch aus gut schließenden Behältern mit der Zeit entweicht, sind regelmäßige Kontrollen bei Naßpräparaten notwendig.

Bei dieser Konservierungsmethode sind starke Verfärbungen unvermeidlich, dafür bleiben die Schrecken weich und geschmeidig. Spätere Untersuchungen von Weichteilen sind daher problemlos. Achtung, Glyzerinalkohol hat die unangenehme Eigenschaft zu „kriechen", eventuell verschüttetes Konservierungsgemisch sollte immer sorgfältig aufgewischt werden!

Welche Konservierungsmethode im einzelnen vorzuziehen ist, hängt ganz von der Art und dem Verwendungszweck der Sammlung ab, diese Frage muß jeder Sammler selbst entscheiden.

Ich möchte hier nochmals daran erinnern, unnütze Sammeltätigkeiten gar nicht erst zu beginnen und auch die Möglichkeit einer fotografischen Dokumentation in Erwägung zu ziehen!

Systematischer Teil

Die folgende Bestimmungshilfe basiert auf den typischen Habitus-Schemata der häufigsten Gattungen und deren wichtigsten Merkmalen. Habitus-Schemata vermitteln allein durch ihren Forminhalt bereits eine Vielzahl von Informationen. Mit etwas Genauigkeit und Sorgfalt sollte es auch dem Ungeübten möglich sein, vorgefundene Tiere nach dem Habitus einzuschätzen und die Zugehörigkeit mittels der angegebenen Merkmale im Bildteil dieses Naturführers weiter zu verfolgen. Bei vielen Tieren wird man so problemlos zumindest bis zur Gattung kommen, in vielen Fällen reichen die angegebenen Merkmale auch zur Artbestimmung aus. Im Interesse einer einfachen Bestimmungshilfe wurde auf die detailliertere Ausführung von Artmerkmalen bei z.T. sehr schwierig zu bestimmenden Gruppen (z.B. Gattung *Chorthippus*) verzichtet; in diesem Zusammenhang sei für Interessierte auf die weiterführende Literatur am Ende des Naturführers hingewiesen!
Zum Großteil sind die angeführten Merkmale bereits mit dem freien Auge erkennbar, zur sicheren Beurteilung empfiehlt sich auf alle Fälle die Benutzung einer guten, etwa 10fach vergrößernden Lupe.
Sofern nicht ausdrücklich anders vermerkt, beziehen sich alle Angaben auf adulte (erwachsene) Tiere, zur Unterscheidung von Larven und Imagines siehe S. 10 (Entwicklung)!
Die Körperlänge ist die Distanz zwischen Stirn und letztem Hinterleibsring, also ohne diverse Körperfortsätze wie Fühler, Beine, Legeröhren oder Cerci!
Bei der Beurteilung eines unbekannten Tieres sollte berücksichtigt werden, daß es nicht möglich war, alle Gattungen und Arten im Bild vorzustellen, ferner sollte auch möglichen Variationsbreiten bei einzelnen Merkmalen (siehe auch S. 52) und den Biotopbeschreibungen Beachtung geschenkt werden!
Römische Ziffern nach dem Artnamen geben das jahreszeitliche Auftreten der betreffenden Art an, z.B.: (V–X) = Mai bis Oktober
Die einzelnen Gefährdungsgrade entsprechen den Angaben der jeweiligen Roten Liste von der BRD bzw. Österreich (beide Stand 1984). Die Gefährdungsangaben für die Schweiz, für die noch keine Rote Liste vorlag, stammen freundlicherweise von Herrn Dr. Ad. Nadig, Chur.
Genauere Erläuterungen der einzelnen Gefährdungsgrade finden sich in den Roten Listen (siehe Literaturverzeichnis!).

- A. 0. = Ausgestorben oder verschollen
- A. 1. = Vom Aussterben bedroht
- A. 2. = Stark gefährdet
- A. 3. = Gefährdet
- A. 4. = Potentiell gefährdet
- B. 1. = Gefährdete Arten, die sich im betreffenden Staatsbereich aber <u>nicht fortpflanzen</u>
- B. 2. = Gefährdete Vermehrungsgäste
- B. 3. = Gefährdete Durchzügler, Überwinterer, Übersommerer, Wandertiere, Irrgäste etc.
- B. 4. = Eingebürgerte Arten (innerhalb der letzten 10 Jahre)
- B. 5. = Vorkommen nur durch ständiges Nachbesetzen gesichert

Nähere Angaben von charakteristischen Artmerkmalen sind fallweise bei einzelnen Arten nach dem Kürzel „Art" gegeben. Abschließend sei nochmals in Erinnerung gerufen, daß bei vielen hypopteren (kurzflügeligen) Formen die Männchen oft längere Flügel als die Weibchen besitzen!

Übersicht der Heuschreckenordnungen

Saltatoria – Springschrecken (Ordnungen Ensifera + Caelifera)
Insekten mit unvollkommener Verwandlung und zu Sprungbeinen ausgebildeten Hinterbeinen. Sofern funktionsfähig, sind die Deckflügel derb, die Hin-

terflügel membranös und faltbar. Die Flügel werden meist dachartig über dem Körper zusammengelegt. Die Tarsen weisen höchstens 4 Glieder auf.

Ordnung Ensifera – Langfühlerschrecken
Saltatoria mit mindestens körperlangen Fühlern und Gehörorganen in den Vorderschienen. Die Weibchen weisen eine frei vorragende Legeröhre auf, die Männchen besitzen ein Zirporgan, das vom basalen Teil der Deckflügel gebildet wird.

Troglophilus cavicola **Tettigonia viridissima** **Gryllotalpa gryllotalpa**

Ordnung Caelifera – Kurzfühlerschrecken
Saltatoria, deren Fühlerlänge nicht die Länge von Kopf und Halsschild zusammen überschreitet und deren Gehörorgane – sofern vorhanden – an der Basis des Hinterleibs liegen. Die Legeröhre der Weibchen wird von kurzen, kräftigen Legeklappen gebildet, die Männchen zirpen – bis auf stumme Ausnahmen – mit Hinterschenkel und Deckflügel, seltener mit Deckflügel und Hinterflügel.

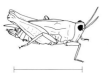 

Tetrix **Chorthippus dorsatus** **Miramella alpina**

Ordnung Blattodea – Schaben
Insekten mit unvollkommener Verwandlung und mit stark abgeflachtem Körper. Der Halsschild ist groß und scheibenförmig, der Kopf wird von ihm ganz oder teilweise bedeckt. Die Beine sind ausgesprochene Laufbeine mit langen, konisch geformten Hüften. Die Eier werden in Paketen (Ootheken) abgelegt.

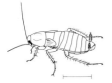

Blatta orientalis

Phyllodromica maculata

Ordnung Mantodea – Gottesanbeterinnen
Insekten mit unvollkommener Verwandlung und zu Fangbeinen ausgebildeten Vorderbeinen. Die Vorderschiene kann taschenmesserartig gegen den Vorderschenkel geklappt werden, der Vordertarsus ist 5gliedrig und seitlich an der Vorderschiene angelenkt. Die Vorderbrust ist stets länger als die Mittelbrust und Hinterbrust. Die Eier werden in Paketen (Ootheken) abgelegt.

Mantis religiosa In Mitteleuropa nur eine Art: *Mantis religiosa!*

Ordnung Ensifera – Langfühlerschrecken

Fühler mindestens körperlang, meist aber deutlich länger als der Körper (Ausnahme: Maulwurfsgrille mit Grabbeinen!). Weibchen mit freier, langer Legeröhre von sichel-, schwert- oder stilettförmiger Gestalt (Ausnahme wiederum Maulwurfsgrille mit stark reduziertem Legeapparat!). Gehörorgan auf der Vorderschiene mit rundlicher bis spaltförmiger Öffnung. Bei drei gänzlich flügellosen Gruppen (Höhlenschrecken, Gewächshausschrecken und Ameisengrille) fehlen auch Gehörorgane! Das Zirporgan der Männchen wird vom basalen Teil der Deckflügel gebildet; dies ist auch dann der Fall, wenn nur Flügelreste vorhanden sind (Ausnahme: Eichenschrecken-Männchen besitzen kein Zirporgan auf den vorhandenen Deckflügeln!).

Tarsusmerkmale der Überfamilie Tettigonioidea (Laubheuschrecken)

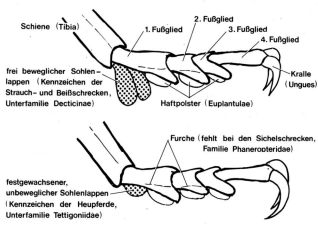

Normalkopfform der Familie Tettigonioidea

Schrägkopfform der Familie Conocephalidae (3 Arten) bzw. Familie Sagidae (1 Art)

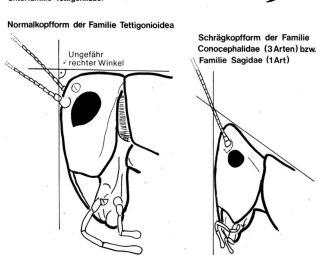

A gerade
B gleichmäßig gekrümmt
C gerade, an der Spitze gekrümmt
D S-förmig gekrümmt
E in der Mitte gezähnt
F vor der Spitze gezähnt

Cercusformen

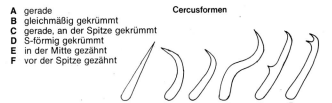

Überfamilie Grylloidea – Grillen
Tarsus mit nur 3 Gliedern. Meist rundlich-walzenförmiger Körper, auf dem die Flügel – wenn ausgebildet – flach aufliegen. Fühler etwa körperlang (Ausnahme: Maulwurfsgrille).

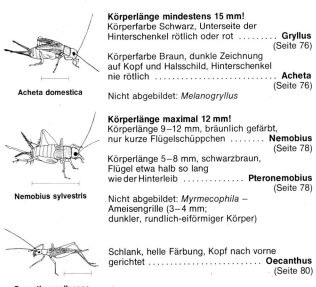

Körperlänge mindestens 15 mm!
Körperfarbe Schwarz, Unterseite der
Hinterschenkel rötlich oder rot .... **Gryllus**
(Seite 76)
Körperfarbe Braun, dunkle Zeichnung
auf Kopf und Halsschild, Hinterschenkel
nie rötlich .... **Acheta**
(Seite 76)

Acheta domestica

Nicht abgebildet: *Melanogryllus*

Körperlänge maximal 12 mm!
Körperlänge 9–12 mm, bräunlich gefärbt,
nur kurze Flügelschüppchen .... **Nemobius**
(Seite 78)
Körperlänge 5–8 mm, schwarzbraun,
Flügel etwa halb so lang
wie der Hinterleib .... **Pteronemobius**
(Seite 78)

Nemobius sylvestris

Nicht abgebildet: *Myrmecophila* –
Ameisengrille (3–4 mm;
dunkler, rundlich-eiförmiger Körper)

Schlank, helle Färbung, Kopf nach vorne
gerichtet .... **Oecanthus**
(Seite 80)

Oecanthus pellucens

Körperlänge mindestens 30 mm!
Braun, Grabbeine! .... **Gryllotalpa**
(Seite 80)

Gryllotalpa gryllotalpa

Überfamilie Gryllacridoidea – Grillenartige
Gänzlich flügellos und ohne Gehörorgane auf den Vorderschienen, Tarsen mit 4 langen und seitlich zusammengedrückten Gliedern. Sehr lange Fühler und Cerci!

Troglophilus cavicola

Cerci höchstens 6 mm lang, Vorder- und Mittelschenkel am Kniegelenk ohne Dornen .... **Troglophilus**
(Seite 82)

Cerci mindestens 8 mm lang, Vorder- und Mittelschenkel am Kniegelenk mit 1 bzw. 2 Dornen .... **Tachycines**
(Seite 82)

Überfamilie Tettigonioidea – Laubheuschrecken
Tarsen mit 4 abgeflachten Gliedern, das 3. Glied besitzt etwa herzförmige Gestalt. Flügel dachartig dem Körper anliegend, bei Formen mit reduzierten Flügeln weisen zumindest die Männchen noch deutliche Flügelreste (Zirporgan!) auf.

Familie Phaneropteridae – Sichelschrecken
1. und 2. Tarsenglied auf der Seite nicht gefurcht, Subgenitalplatte der Männchen stets ohne Styli!

Phanoptera falcata

Flügel mehr als körperlang! Hinterflügel länger als Vorderflügel!
Gehörorgan auf der Vorderschiene
mit rundlich-ovaler Öffnung ...... **Phaneroptera**
(Seite 84)
Gehörorgan auf der Vorderschiene
mit spaltförmiger Öffnung .... **Tylopsis**
(Seite 86)

Leptophyes albovittata

Flügel immer reduziert, Körperlänge höchstens 25 mm!
1. Männchen mit geraden, erst am Ende gekrümmten Cerci
Weibchen mit sichelförmiger
Legeröhre .... **Leptophyes**
(Seite 88)
2. Männchen mit S-förmig gekrümmten Cerci
Weibchen mit gerader, erst am Ende etwas gebogener Legeröhre .... **Barbitistes**
(Seite 90)
3. Männchen mit gleichmäßig krummen Cerci
Weibchen mit gleichmäßig gebogener
Legeröhre .... **Isophya**
(Seite 86)
4. Alle Querfurchen des Halsschildes
vor der Mitte gelegen .... **Poecilimon**
(Seite 92)

Polysarcus denticauda

Flügel immer reduziert, Körperlänge 28–40 mm!
Halsschild länger als die
Vorderschiene .... **Polysarcus**
(Seite 92)

Familie Meconemidae – Eichenschrecken
Kleine Tiere, Körperlänge höchstens 18 mm! Gehörorgan auf der Vorderschiene mit ovaler Öffnung, Männchen ohne Zirporgan auf den Deckflügelbasen, Körperfarbe meist glasig-grün.

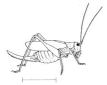

Meconema thalassinum

Flügel länger als der Hinterleib ..... **Meconema thalassinum**
Flügel schuppenförmig verkürzt .... **Meconema meridionale**
(beide Seite 94)

Familie Sagidae – Sägeschrecken
Große Tiere, Körperlänge 45–65 mm! Vorder- und Mittelbeine auf der Innenseite stark bedornt, Stirn und Scheitel bilden einen spitzen Winkel.

Saga pedo

Vorderbeine bedornt (Fangbeine!) ... **Saga pedo**
(Seite 96)

Familie Conocephalidae – Schwertschrecken
Körperlänge höchstens 35 mm, Stirn und Scheitel bilden einen spitzen Winkel, Kopfgipfel ebenfalls spitz und/oder mit kleinem Höcker.

Conocephalus dorsalis

Körperlänge unter 20 mm, Fühler stets viel länger als der Körper, 1. Fühlerglied breiter als der Kopfgipfel .... **Conocephalus**
(Seite 98)
Körperlänge 22–35 mm, Fühler etwas mehr als körperlang, 1. Fühlerglied schmäler als der Kopfgipfel .... **Homorocoryphus**
(Seite 96)

Familie Ephippigeridae – Sattelschrecken
Halsschild deutlich sattelförmig geformt, Flügel rückgebildet und kürzer als der Halsschild.

Ephippiger ephippiger

Körperlänge 23–35 mm, sattelförmiger Halsschild. Fühleransatzstelle in der Höhe des unteren Augenrandes .... **Ephippiger**
(Seite 100)

Familie Tettigoniidae – Singschrecken
1. und 2. Tarsenglied auf der Seite stets gefurcht; Stirn und Scheitel bilden einen rechten oder nur mäßig spitzen Winkel. Gehörorgane auf den Vorderschienen mit gebogener, spaltförmiger Öffnung.

Unterfamilie Tettigoniinae – Heupferde
Sohlenlappen des 1. Tarsengliedes am Hinterbein nicht frei beweglich; Halsschild stets ohne Seitenkiele, immer funktionsfähige, einheitlich gefärbte Flügel ohne Fleckung vorhanden.

Tettigonia viridissima

Flügel die Hinterknie weit
überragend .... **Tettigonia viridissima**
(Seite 114)

Nicht abgebildet: *T. caudata* (ähnlich *T. viridissima*)

Flügel die Hinterknie nur knapp
überragend .... **Tettigonia cantans**
(Seite 114)

Unterfamilie Decticinae – Beiß- und Strauchschrecken
Sohlenlappen des 1. Tarsengliedes am Hinterbein frei beweglich!

Pholidoptera aptera

Flügel zu kleinen Schüppchen rückgebildet!
Halsschild mächtig und nach hinten
erweitert .... **Pholidoptera**
(Seite 100, 102)
Halsschild etwa gleichmäßig breit .... **Yersinella**
(Seite 104)

Metrioptera roeseli

Flügel ungefähr halb so lang wie der
Hinterleib; körperfarben,
ohne jedwede Fleckung .... **Metrioptera**
(Seite 104, 106)

Platycleis grisea

Flügel entweder mit verwaschener,
heller oder scharf begrenzter,
helldunkler Fleckung .... **Platycleis**
(Seite 108, 110)

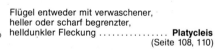

Decticus verrocivorus

Flügel nur mit dunkler Fleckung!
Halsschild mit durchgehendem Mittelkiel,
große Tiere .... **Decticus**
(Seite 112)
Halsschild ohne durchgehenden Mittelkiel,
Vorderbrust auf der Unterseite mit 2 Dornen
zwischen den Beinen .... **Gampsocleis**
(Seite 112)

Nicht abgebildet: Gattungen **Anonconotus, Antaxius** (ähnlich Gattung *Pholidoptera* mit reduzierten Flügeln, Gebirgstiere!)

Ordnung Caelifera – Kurzfühlerschrecken

Fühler deutlich kürzer als der Körper; Gehörorgan mit rundlicher, zuweilen verdeckter Öffnung an der Seite des 1. Hinterleibssegmentes liegend (Ausnahme: Dornschrecken und Grabschrecken). Das Zirporgan der Männchen wird von Schenkel und Deckflügel gebildet (Ausnahme: Grabschrecke, Dornschrecken und Knarrschrecken), der Legeapparat der Weibchen besteht aus 4 kurzen und kräftigen Legeklappen (Ausnahme: Grabschrecke).

Kopfformen der Unterfamilien

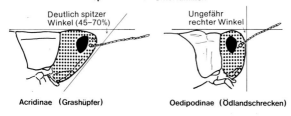

Deutlich spitzer Winkel (45–70%)
Ungefähr rechter Winkel

Acridinae (Grashüpfer)
Oedipodinae (Ödlandschrecken)

Lage der Scheitelgrübchen

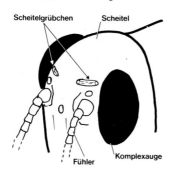

Scheitelgrübchen — Scheitel — Fühler — Komplexauge

Halsschild–Seitenkielformen

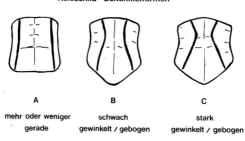

A	B	C
mehr oder weniger gerade	schwach gewinkelt / gebogen	stark gewinkelt / gebogen

Überfamilie Tridactyloidea – Grabschrecken
Sehr kleine, dunkel gefärbte Tiere, Körperlänge höchstens 7 mm! Die Vorderbeine sind zu Grabbeinen umgestaltet, das Halsschild ist nach oben hin gewölbt und verrundet. Die Fühler sind 10gliedrig, bei den Weibchen fehlt eine Legeröhre ....(Seite 118)

Überfamilie Tetrigoidea – Dornschrecken
Kleine Tiere, Körperlänge 8–14 mm; Halsschild spitz ausgezogen und bis zum Hinterleibsende verlängert, Flügel – sofern vorhanden – darunter verborgen, nur bei langgeflügelten Formen etwas sichtbar. Der Kopf wird vom Halsschild kragenartig eingefaßt. Ohne Gehörorgane, Männchen ohne Zirporgane.

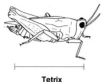

Halsschild bis zum Hinterleibsende oder darüber spitz ausgezogen .... **Tetrix**
(Seite 116)

Tetrix

Überfamilie Acridoidea – Feldheuschrecken
Tarsen stets 3gliedrig, Gehörorgan am 1. Hinterleibssegment vorhanden.

Familie Catantopidae – Knarrschrecken
Zwischen den Vorderbeinen ist stets ein deutlicher, zapfenförmiger Höcker ausgebildet, den Männchen fehlt ein Zirporgan.

Flügel zu Flügelschüppchen reduziert!
Halsschild ohne Seitenkiele ....
.....................Gattungsgruppe **Podisma**
(Seite 118, 120)
Nicht abgebildet: **Paracaloptenes** (Halsschild mit Seitenkielen)

Miramella alpina

Körperlange, funktionstüchtige Flügel ausgebildet!
Körperlänge unter 40 mm .... **Calliptamus**
(Seite 122)
Körperlänge über 40 mm .... **Anacridium**
(Seite 122)

Calliptamus italicus

Familie Acrididae – Grashüpfer und Ödlandschrecken
Unterseite der Vorderbrust zwischen den Beinen flach oder nur mit kleiner, warzenartiger Erhebung, Männchen mit Zirporganen.

Unterfamilie Oedipodinae – Ödlandschrecken
Stirn und Scheitel bilden einen rechten oder nur mäßig spitzen Winkel; auf der Innenseite des Hinterschenkels scharfe, glatte Schrillkante ausgebildet.

Stirn und Scheitel bilden einen rechten Winkel!
Körperlänge über 45 mm, Oberkante des Hinterschenkels fein gesägt .... **Locusta**
(Seite 128)

Locusta

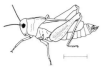

Psophus stridulus

Stirn und Scheitel bilden einen rechten Winkel!
Halsschild mit erhabenem Mittelkiel
ohne Querfurche, Hinterflügel
lebhaft zinnoberrot .... **Psophus**
(Seite 124)

Mittelkiel des Halsschildes mit 2 Querfurchen, Hinterflügel
rosa gefärbt .... **Bryodema**
(Seite 124)

Oedipoda caerulescens

Stirn und Scheitel bilden einen rechten Winkel!
Halsschild vorne verengt, Mittelkiel mit 1 Querfurche, Oberkante des Hinterschenkels nach
der Mitte mit deutlicher Stufe .... **Oedipoda**
(Seite 126)

Halsschild vorne verengt, nur im hinteren
Teil mit ausgebildetem Mittelkiel,
davor 3 seichte Einkerbungen,
Hinterflügel blaßblau .... **Sphingonotus**
(Seite 128)

Nicht abgebildet: **Celes** (*Oedipoda*-ähnlich,
jedoch ohne Stufe am Hinterschenkel)
Oedaleus (Mittelkiel ausgebildet, ohne Einkerbungen, Hinterflügel glasig)

Aiolopus thalassinus

Stirn und Scheitel bilden einen mäßig spitzen Winkel!
Halsschild vorne verengt, Scheitelgrübchen dreieckig .... **Epacromius**
(Seite 134)

Halsschild vorne verengt, Scheitelgrübchen trapezförmig-viereckig ...... **Aiolopus**
(Seite 130)

Mecosthetus grossus

Stirn und Scheitel bilden einen mäßig spitzen Winkel, Bewohner von Feuchtbiotopen (Ufer, feuchte Wiesen usw.)!
Halsschild mit deutlichen Seitenkielen,
Scheitelgrübchen vorhanden ..... **Mecosthetus**
(Seite 132)

Halsschild ohne Seitenkiele,
ohne Scheitelgrübchen .... **Parapleurus**
(Seite 132)

Unterfamilie Acridinae – Grashüpfer
Scheitel und Stirn bilden einen deutlich spitzen Winkel (meist etwa 45–60°).
Flügel mit scharfer Schrillkante, fein gerauhte Schrilleiste auf der Innenseite
der Hinterschenkel.

Acrida

Große Tiere mit langem und schmalem Körper,
Kopf auffallend verlängert,
Fühler schwertförmig .... **Acrida**
(Seite 134)

Arcyptera fusca

Unterseite der Vorderbrust mit warzenartiger Erhebung, Körper dick und kräftig, 25–35 mm lang .... **Arcyptera**
(Seite 148)

Euthystira brachyptera

**Ohne Scheitelgrübchen, Körperfärbung mit Seidenglanz!
Flügel bei den Weibchen zu kurzen Schüppchen reduziert!**

1. Weibchen: Flügelschüppchen weit auseinanderliegend, häufig rötlich
Männchen: Flügel etwa halb so lang wie der Hinterleib, am Ende schräg abgestutzt .... **Euthystira**
(Seite 136)

2. Weibchen: Flügelschüppchen einander genähert, sich fast berührend
Männchen: Flügel fast so lang wie der Hinterleib, am Ende verrundet .... **Chrysochraon**
(Seite 136)

Gomphocerippus rufus

Fühler am oder gegen das Ende hin verdickt!
Kleine Tiere, höchstens 15 mm lang; Vorderflügelrand an der Basis ohne Erweiterung .... **Myrmeleotettix**
(Seite 148)

Vorderflügelrand an der Basis mit kleiner Erweiterung, Halsschildoberseite eben .... **Gomphocerus**
(Seite 146)

Vorderflügelrand an der Basis mit kleiner Erweiterung, Halsschildoberseite im vorderen Bereich bucklig erhaben, Männchen mit aufgetriebenen Vorderschienen .... **Aeropus**
(Seite 146)

Stenobothrus nigromaculatus

Vorderflügelrand an der Basis ohne Erweiterung!
Seitenkiele des Halsschildes stark winklig gebogen, Legeklappen der Weibchen ohne Zahn .... **Omocestus**
(Seite 140)

Seitenkiele des Halsschildes nur wenig gewinkelt, Legeklappen der Weibchen mit deutlichem Zahn .... **Stenobothrus**
(Seite 138)

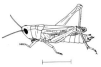

Chorthippus dorsatus

Vorderflügelrand an der Basis deutlich erweitert!
Seitenkiele des Halsschildes nur ganz schwach gewinkelt, fast gerade .... **Euchorthippus**
(Seite 140)

Seitenkiele des Halsschildes
deutlich gewinkelt .... **Chorthippus**
(Seite 142, 144)

Nicht abgebildete Gattungen der Acridinae
Gattung **Paracinema** (ähnlich **Chrysochraon** ohne Scheitelgrübchen, aber mit langen Flügeln und spitzdreieckig auslaufendem Halsschild)

(Die Maßstriche unter den Zeichnungen entsprechen jeweils 10 mm)

Verwendete Abkürzungen:
(siehe auch S. 64)

♂ Männchen

♀ Weibchen

Ⓓ Bundesrepublik Deutschland

Ⓐ Österreich

⒞ⓗ Schweiz

Überfamilie Grylloidea
Familie Gryllidae – Grillen
Gryllus campestris, Feldgrille (V–VII)
Körpergröße: Männchen und Weibchen 20–25 mm.
Färbung: Sattes Schwarz, seltener schwarzbraun; Vorderteil der Deckflügel mit ockerfarbener oder gelblicher Binde, Unter- und Innenseite der Hinterschenkel rötlich oder rot angelaufen.
Habitus: Gedrungen wirkende Tiere mit walzenförmigem Körper, relativ kurzen Beinen und auffallend dickem und großem Kopf.
Standort: Trockene, warme und gut besonnte Orte; oft, aber nicht unbedingt auf sandigen oder lehmigen Böden.
Lebensweise: Die Feldgrille ist ein ausgesprochenes Bodentier, das vornehmlich in der unmittelbaren Nähe der selbstgegrabenen Wohnröhren anzutreffen ist. Von Mai bis Juli erklingt, sowohl bei Sonnenschein als auch in der späten Nacht, der typische, weithin vernehmbare Grillengesang. Am oder knapp vor dem Eingang ihrer Wohnröhre sitzend, versuchen die Männchen mitunter mit scheinbar endlosen crrri---crrri-Folgen paarungslustige Weibchen anzulocken. Die zirpenden Männchen reagieren recht empfindlich auf Erschütterungen (z. B. durch Schritte) und verstummen dann sofort, pflegen aber nach einer kurzen Pause meist ihr Gezirpe wieder aufzunehmen. Hat man den Eingang der Wohnröhre entdeckt, so kann man die Tierchen mit etwas Geschick und einem langen Grashalm herausscheuchen ("Grillenkitzeln"). Paarung und Eiablage erfolgen im Sommer, die Larven schlüpfen bereits nach wenigen Wochen aus den Eiern und überwintern in selbstangelegten Erdröhren. Die Larvalentwicklung wird im nächsten Frühjahr mit dem letzten Larvenstadium und der Imaginalhäutung abgeschlossen; ab Mai machen sich die Männchen wieder mit ihrem Gezirpe bemerkbar.
Verbreitung: In der BRD und Österreich überall zerstreute Vorkommen, desgleichen in den tieferen Lagen der Schweiz.

Acheta domestica, Hausgrille, Heimchen (I–XII)
Körpergröße: Männchen und Weibchen 16–20 mm.
Färbung: Hellbraun, seltener dunkelbraun; Kopf und Halsschild mit dunkler Zeichnung.
Habitus: Grillenhabitus
Standort: Kulturfolger; im Winter auf das Umfeld des Menschen (geheizte Gebäude) beschränkt, im Sommer gelegentlich auch im Freien.
Lebensweise: Die Hausgrille ist ein weit verbreiteter Kulturfolger des Menschen, der in den gemäßigten Breiten mit ausgeprägten Wintern nur in der menschlichen Umgebung überleben kann. In südlicheren Breiten lebt diese Art allerdings auch im Freien. Das Heimchen ist recht wärme- und trockenheitsliebend, wie die Feldgrille ist es ebenfalls ein Bodentier. Die Hausgrille bevorzugt Räumlichkeiten mit zahlreichen Versteckmöglichkeiten wie Ritzen und Spalten am Boden, die Nahrung besteht aus allen nur möglichen freßbaren Abfällen des Menschen. Wegen ihrer Anspruchslosigkeit hinsichtlich der Ernährung und Haltung wird sie vielfach im Tierhandel als Futtertier für Reptilien und Vögel gezüchtet. Die Stridulation ist der Feldgrille ähnlich, jedoch weicher und etwas leiser, einem schlafbedürftigen Menschen kann ein stridulierendes Männchen aber doch lästig erscheinen. Sie bewegen sich recht flink und behend, springen auch ganz gern und sind nicht leicht zu fangen. Sie können sich das ganze Jahr über vermehren, bei Massenauftreten z. B. in Bäckereien können die Tierchen lästig bis schädlich werden.
Verbreitung: Kosmopolitisch;

(D) Nicht gefährdet (A) Nicht gefährdet (CH) Gefährdet (A. 3)

▲ ♂   ▼ ♀

(D) Nicht gefährdet (A) Nicht gefährdet (CH) Nicht gefährdet

Nemobius sylvestris, Waldgrille (VI–IX/X)
Körpergröße: Männchen und Weibchen 9–11 mm.
Färbung: Dunkelbraun mit hellerer Sprenkelung; Oberseite des Halsschildes und der Deckflügelschüppchen meist hellbraun, Kopf fast schwarz mit hellerer Zeichnung.
Habitus: Grillenhabitus
Standort: Lockere, sonnige Laubwälder oder deren Ränder.
Lebensweise: Die Waldgrille ist ein typisches Tier des hohen Fallaubes, in dem sie sich wieselflink bewegt. Ihre ganze Bewegungsweise scheint darauf abgestimmt zu sein, zwischen oder unter trockenen, etwas eingerollten Blättern herumzuklettern. Die Waldgrille läuft und springt aber auch sehr gut, bei Störung ist sie blitzschnell unter dem Fallaub verschwunden und taucht meist ganz woanders wieder auf. Obwohl sie direkt besonnte Stellen meidet, stellt sie doch gewisse Ansprüche an die Temperatur des Standortes, an Nordseiten ist sie nur selten zu finden. Das typische Waldgrillenbiotop sind Waldrandbereiche, die zwar besonnt, aber von den Bäumen etwas abgeschattet werden. Bei der Ernährung scheint sie wie die Feld- und Hausgrille nicht allzu wählerisch zu sein, ihr Speisezettel scheint sowohl junge Pflanzentriebe als auch Insektenaas zu umfassen. Die Stridulation ist weich und leise, die Lautfolge ähnelt einem schnurrenden rrrrrr rrrrr rrrrrr und kann beliebig zusammengesetzte Reihen bilden. Der leise Gesang und die Weichheit des Klanges machen das Orten eines stridulierenden Männchens nicht leicht. Singen mehrere Männchen zugleich, so ist das ein eigenes und typisches Klangerlebnis.
Verbreitung: Im Norden der BRD fehlend, sonst wie in der Schweiz und Österreich verstreute Vorkommen mit Ausnahme von höheren Lagen.

Pteronemobius heydenii, Sumpfgrille (V–VIII)
Körpergröße: Männchen und Weibchen 6–7 mm.
Färbung: Dunkelbraun, seltener schwarz; Halsschild auf der Oberseite am Rand mit zwei hellen Längsstreifen, Scheitel mit drei helleren Längslinien.
Habitus: Grillenhabitus
Standort: Wärmere Feuchtbiotope wie klimatisch günstig gelegene Uferzonen und feuchte Niederungen.
Lebensweise: Über die Biologie der kleinen Sumpfgrille ist nicht allzuviel bekannt, sie soll nachtaktiv sein, und die Stridulation soll aus rasch aufeinanderfolgenden Trillern der Lautfolge „rrri rrri" bestehen. Wegen ihrer hohen Temperatur- und Feuchtigkeitsansprüche kommt sie in Mitteleuropa nur an sehr wenigen, günstigen Stellen vor. In der Lebensweise dürfte sie der Waldgrille ähnlich sein.
Verbreitung: Südliche BRD und östliche Schweiz (Bodenseebereich); in Österreich nur im Osten.

▲ ♀   ▼ ♀

| D | Vom Aussterben bedroht (A.1) | A | Stark gefährdet (A.2) | CH | Ausgestorben oder verschollen (A. 0) |

Familie Oecanthidae – Blütengrillen
Oecanthus pellucens, Weinhähnchen, Blütengrille (VII–X)
Körpergröße: Männchen und Weibchen 10–15 mm.
Färbung: Bläßliches, helles Gelb oder Ocker.
Habitus: Zarte, zierlich wirkende Tiere mit langen Hinterbeinen, auffallend gestrecktem Körperbau und nach vorne gerichtetem Kopf.
Standort: Klimatisch günstig gelegene, warme Orte (teilweise Weinbaugebiete) mit etwas höherer, krautiger Vegetation und niedrigem Gebüsch in Lagen bis maximal 400 m Seehöhe.
Lebensweise: Im Gegensatz zu den anderen Grillen ist das wärmeliebende Weinhähnchen kein Boden-, sondern ein Pflanzenbewohner, der recht geschickt im Stengel- und Blattgewirr umherklettert. Unter Tags findet man das zierliche Tierchen fast nur auf Blüten oder Blütenständen, wo es offensichtlich gerne nascht, ansonsten hält es sich in der Vegetation verborgen auf. Erst gegen Abend werden die nachtaktiven Tiere munter, an bedeckten, heißen Sommertagen gelegentlich auch schon am Spätnachmittag. Die Männchen suchen zum Zirpen oft Warten, also exponiertere Pflanzenteile auf, ihr melodischer, schwebender Gesang hat einen eigenen, leichten Klang und ist gut vernehmbar. Das Weinhähnchen scheint in der Hauptsache ein Pflanzenfresser zu sein, dem es besonders feine und zarte Pflanzenteile angetan haben. Die Eiablage erfolgt in markreiche Stengel.
Verbreitung: Im Norden der BRD fehlend, sonst gegen Süden hin sehr zerstreut vorkommend; in geeigneten Lagen der Schweiz verbreiteter; Ostösterreich. Geschützt!

Familie Gryllotalpidae – Maulwurfsgrillen
Gryllotalpa gryllotalpa, Maulwurfsgrille, Werre (IV–X)
Körpergröße: Männchen und Weibchen 35–50 mm.
Färbung: Körperoberseite dunkelbraun, fast schwarz; Unterseite und Seitenpartien des Körpers braun, Deckflügel bläßlich-braun mit dunkleren Adern.
Habitus: Große, etwas unbeholfen und gestreckt wirkende Tiere mit relativ kurzen Fühlern und Hinterbeinen, langen Cerci und auffälligen Grabschaufeln der Vorderbeine.
Standort: Lockere Böden mit nicht zu dichter, tiefverwurzelter Vegetation.
Lebensweise: Die unterirdisch in selbstgegrabenen Gangsystemen lebende Maulwurfsgrille weicht in vielerlei Hinsicht von unseren übrigen Ensiferen ab. Die Vorderbeine sind zu mächtigen Grabbeinen umgestaltet, das Sprungvermögen ist verlorengegangen, und die ursprünglich lange Ensiferen-Legeröhre ist stark reduziert. Der ganze Körperbau ist der grabenden Lebensweise angepaßt. Trotz des unbeholfenen Eindrucks können die Tiere auf der Erdoberfläche recht flott dahinlaufen, sogar schwimmen und tauchen. Auch die Flugfähigkeit ist so weit erhalten geblieben, daß sie mit einem tiefen Fluggeräusch in Bodennähe dahinbrummen können. Die Ernährung ist mehr auf tierische Kost ausgerichtet, im Erdreich stellt sie allem möglichen Getier wie Würmern und bodenlebenden Insektenlarven (Raupen, Engerlingen) nach. Die Maulwurfsgrillen überwintern im Boden als Larven, die Paarung erfolgt im Frühsommer, die Eier werden in Bruthöhlen abgelegt (siehe S. 39, besondere Verhaltensweisen). Zur Grabtätigkeit siehe auch S. 27, Fortbewegung. Beim Ergreifen können die Tiere krächzende oder knisternde Schrecklaute erzeugen, gleichzeitig schlägt der Hinterleib mit rotierenden Bewegungen wild umher. Bis vor einigen Jahrzehnten war die Maulwurfsgrille recht weit verbreitet, bei gehäuftem Auftreten in Gärten, Gemüsebeeten und dergleichen konnte sie durch ihre Wühltätigkeit sogar lästig bis schädlich werden und wurde deswegen auch bekämpft. Heute scheint sie rar geworden zu sein.
Verbreitung: Einzeln verstreute Vorkommen in der BRD und Österreich, in der Schweiz fraglich.

(D) Stark gefährdet (A.2) (A) Stark gefährdet (A.2) (CH) Nicht gefährdet

▲ ♀ ▼ ♂

(D) Nicht gefährdet (A) Nicht gefährdet (CH) Vorkommen fraglich?

Überfamilie Gryllacridoidea – Grillenartige
Familie Rhaphidophoridae – Höhlen- und Gewächshausschrecken

Troglophilus cavicola, Kollars Höhlenschrecke (I–XII)
Körpergröße: Männchen und Weibchen 15–22 mm.
Färbung: Grundfarbe Hellbraun mit unregelmäßiger, bleicher Fleckung, am Hinterleib zusätzlich mit schwarzbraunen Flecken versehen; helle Längslinie am Rücken über Halsschild und Hinterleib, dunkle Cercienden.
Habitus: Kompakt und rundlich gebaute Tiere mit langen, dünnen Beinen und sehr langen Fühlern.
Standort: Höhlen, vorwiegend in Kalkstein.
Lebensweise: Die Höhlenschrecke ist der Lebensweise im Dunklen gut angepaßt, Flügel und Gehörorgane sind gänzlich rückgebildet, die Augen klein. Die zum Tasten wichtigen Körperteile wie Fühler, Beine und Cerci sind lang und sehr beweglich. Die Höhlenschrecke ist das ganze Jahr über in allen Entwicklungsstadien zu finden, was durch die fast konstante Temperatursituation ihres Lebensraumes bedingt ist. Unter ständigem, lebhaftem Fühlerkreisen bewegt sie sich meist ruckartig laufend fort, das Sprungvermögen ist sehr gut, bei Störung sind Sprünge bis zu 1 m nicht selten. Sie versucht dann häufig, sich in Felsspalten oder Ritzen zu verstecken. Die Höhlenschrecken sind nicht gänzlich an die Höhle als Lebensraum gebunden, in der wärmeren Jahreszeit sind sie auch außerhalb den Höhlenbereichs zu finden. Sie bevorzugen wenig belichtete Stellen wie Felsklüfte, gröberes Geröll mit hohem Laub usw. unter Bäumen mit dichtem Kronenschluß, auch nur zeitweise direkt besonnte Stellen werden von ihnen gemieden. In der Höhle halten sie sich meist gesellig auf trockenen Wänden und dergleichen auf. Die Nahrung dürfte sich hauptsächlich aus den kleineren Mitbewohnern der Höhle zusammensetzen. Die Männchen besitzen am Rücken kleine, ausstülpbare Duftdrüsen, die bei der Paarung eine Rolle bei der Geschlechterfindung spielen dürften.
Verbreitung: In der BRD und der Schweiz sind Vorkommen nicht bekannt; Kalksteinhöhlen des östlichen Österreichs.

Tachycines asynamorus, Gewächshausschrecke (I–XII)
Körpergröße: Männchen 15–17 mm, Weibchen 17–22 mm.
Färbung: Rötlich getöntes Hellbraun mit braunschwarzer Fleckung, am Vorder- und Hinterrand des Halsschildes und der ersten Hinterleibssegmente läuft diese Fleckung oft zu Querbinden zusammen; Cerci zumeist gänzlich hell gefärbt.
Habitus: Sehr ähnlich Gattung *Troglophilus*, jedoch mit auffallend langen, hellen Cerci!
Standort: Gewächshäuser, feucht-warme Keller und ähnliches.
Lebensweise: Die Gewächshausschrecke ist ein eingeschleppter Kulturfolger, dessen ursprüngliche Heimat in Ostasien liegt. In Lebens- und Bewegungsweise ist sie unseren Höhlenschrecken überaus ähnlich, bezüglich Temperatur und Luftfeuchtigkeit stellt sie allerdings höhere Ansprüche und ist so gänzlich an geeignete Örtlichkeiten im Siedlungsbereich des Menschen gebunden. In Gewächshäusern u. a. bleibt sie während des Tages in dunkleren Verstecken wie Ecken oder Spalten im Mauerwerk. In geeigneten Kellern läuft sie auch tagsüber herum, doch scheint auch hier eine nächtliche Aktivitätsperiode vorzuliegen. Ihre Nahrung bilden feinere Pflanzenteile, Aas und kleinere Tiere, sofern sie sie überwältigen kann. Die Eiablage erfolgt in den Boden. Da die Gewächshausschrecke leicht zu züchten ist, ist sie ein beliebtes Laboratoriumstier, an dem bereits zahlreiche Untersuchungen durchgeführt wurden. An dieser Schrecke wurden wertvolle Erkenntnisse zum Aufbau der Kopfkapsel und der Herkunft der Mundwerkzeuge von Insekten gewonnen. Die Larven sind oft heller oder bleicher gefärbt als die Imagines.
Verbreitung: Kosmopolitisch.
Gefährdung: Offizielle Angaben liegen zu dieser Art nicht vor; auf Grund ihrer streng lokalisierten Vorkommen und jederzeit möglichen Bekämpfung (Insektizideinsätze) könnte man sie als potentiell gefährdet (A. 4.) betrachten.

Ⓓ – Ⓐ Nicht gefährdet Ⓒ🇭 –

▲ ♀ ▼ ♀

Ⓓ Ⓐ Ⓒ🇭 Potentiell gefährdet (A. 4)

Überfamilie Tettigonioidea – Laubheuschrecken
Familie Phaneropteridae – Sichelschrecken

Phaneroptera falcata, Gemeine Sichelschrecke (VII–IX)
Körpergröße: Männchen 13–15 mm, Weibchen 16–18 mm.
Färbung: Fast immer zartgrün, nur selten olivbraun; Halsschild und Beine oft zart bräunlich gesprenkelt oder punktiert.
Habitus: Zarte, filigran wirkende Tiere mit langen, schmalen Hinterschenkeln und Flügeln. Flügel deutlich parapter (Hinterflügel länger als die Deckflügel, an der Spitze grün bzw. olivbraun, Hinterflügelspitzen deutlich sichtbar).
Standort: Warme und günstig gelegene Orte wie Südseiten usw. mit dichterer und höherer Vegetation wie Heide- und Langgraswiesen mit locker verstreutem Gestrüch. Die Sichelschrecke hält sich vornehmlich in den höheren Schichten dieser Vegetationsbestände auf, bisweilen auch auf niedrigerem Gebüsch.
Art: Männchen mit stark gekrümmten und in der Mitte verdickten Cerci, am Zirporgan nur ein meist bräunlicher Fleck; Legeröhre der Weibchen kurz hinter der Basis mit leichtem Knick.
Lebensweise: Die Sichelschrecke klettert langsam in der Vegetation herum, ihr Klettern gleicht einem bedächtigen Hanteln von Struktur zu Struktur. Durch ihre zartgrüne Färbung optisch gut verborgen und schwer zu erkennen. Bei Störung reagiert sie in den meisten Fällen einfach mit Fallenlassen oder hastigen, unbeholfenen Sprüngen, seltener mit Abflug. Sie ist nicht besonders flugfreudig, die Flüge sind nicht sehr hoch und weit, sie führen nur knapp über der Vegetation dahin. Der manchmal flatternd wirkende Flug täuscht sehr, die Sichelschrecke ist wahrscheinlich der geschickteste und wendigste Flieger unter unseren einheimischen Schrecken, der bei kräftigem Sonnenschein durchaus Flugweiten bis zu 6 m erreicht. Ernährt sich von feinen Pflanzenteilen wie jungen Trieben, nascht aber auch gerne an Beeren und anderen reifen Früchten.
Das abgebildete Männchen ist nicht besonders schön, es ist ein Beispiel dafür, wie unsere Schrecken im Alter Flecken und abgestoßene oder löchrige Flügel bekommen können. Die Stridulation ist leise und besteht aus kurzen und plötzlichen zk-zk-zk-Reihen. Zirpende Männchen sind nur mit etwas Mühe aufzuspüren, nur aus geringer Distanz und bei fast völliger Windstille ist ihr Zirpen hörbar. Die Eiablage erfolgt in Blätter (siehe auch S. 27, Fortpflanzung). Die Imaginalzeit ist relativ kurz (September), die Sichelschrecke ist für Kälte recht empfindlich, da sehr wärmeliebend. Die Vorkommen sind inselartig verstreut, an geeigneten Standorten kann sie aber durchaus zahlreich auftreten.
Verbreitung: In der BRD etwa vom Maintal südwärts bis zu den Alpenausläufern; Schweiz, südliches und östliches Österreich.

Phaneroptera nana, Vierpunktige Sichelschrecke (VII–X)
Körpergröße: Männchen und Weibchen 12–16 mm.
Färbung: Grün mit gelblichem Hauch, bläßlicher als die vorhergehende Art.
Habitus: Wie *Ph. falcata*, jedoch etwas gedrungener wirkend.
Art: Männchen mit in der Mitte nicht verdickten Cerci, am Zirporgan auf jedem Deckflügel zwei dunkle Punkte (Name!!). Legeröhre gleichmäßig gekrümmt.
Lebensweise: Der von *Ph. falcata* sehr ähnlich, die Stridulation ist äußerst leise und kratzend. Die Vierpunktige Sichelschrecke ist noch wärmeliebender als die vorhergehende Art, die sie nach dem Mittelmeerraum hin vertritt.
Verbreitung: Mediterran. Erreicht Südtirol, teilweise die Schweiz und das südliche Österreich.

(D) Stark gefährdet (A.2)　(A) Stark gefährdet (A.2)　(CH) Stark gefährdet (A.2)

▲ ♂

▼ ♀

Keine Angaben über Gefährdung

Tylopsis liliifolia, Lilienblatt-Sichelschrecke (VII–IX)
Körpergröße: Männchen 14–20 mm, Weibchen 17–24 mm.
Färbung: Ocker bzw. helles Gelblich-Braun, manchmal bräunlich gefleckt.
Habitus: Ähnlich Gattung *Phaneroptera*; Flügel parapter; gegenüber der vorigen Gattung besitzt der Halsschild ausgeprägtere Kanten.
Die Gattung *Tylopsis* ist u. a. durch die spaltförmigen Gehöröffnungen auf der Vorderschiene von der Gattung *Phaneroptera* zu unterscheiden, die rundlich-ovale Höröffnungen besitzt.
Standort: Ähnlich Gattung *Phaneroptera*.
Lebensweise: In der Bewegung und auch sonst der vorhergehenden Gattung sehr ähnlich. Die Stridulation ist ein leises Kratzen, auch die Weibchen können stridulieren. Das Bild zeigt ein Weibchen kurz nach der Kopula mit Spermatophore, deutlich ist der größere, gegliederte Spermatophylax zu erkennen. Die Eiablage erfolgt an oder zwischen Pflanzenteilen wie Blattansätzen, Blattscheiden und dgl.
Verbreitung: Mediterran. Diese überaus wärmeliebende Art erreicht den deutschsprachigen Raum lediglich in Südtirol.

Isophya pyrenaea, Pyrenäische Plumpschrecke (VI–IX)
Körpergröße: Männchen 17–22 mm, Weibchen 18–25 mm.
Färbung: Grün, mit leichtem, seidigem Schimmer; der sehr eigene Farbton der Plumpschrecke kommt durch zwei verschiedene Grüntöne zustande. Auf hellerem Grund sind die Tiere mit feinen, dunkleren Sprenkeln versehen. Am Rücken kann diese Sprenkelung stellenweise geringer sein, so daß der Eindruck zweier heller Längsstreifen entsteht. Deckflügel mit gelblich-braunem Fleck, bei den Weibchen aber oft nur angedeutet.
Habitus: Plump wirkende Tiere mit dickem Körper und dünnen Beinen.
Lebensweise: Die Fortbewegungsweise der Plumpschrecke wirkt unbeholfen und behäbig. Sie steigt langsam zwischen Blättern oder Gräsern herum, hie und da fressend, die Schritte sorgfältig durch Füßeln sichernd. Nie erweckt sie den Eindruck der Eile. Bei Störung läßt sie sich fallen und versucht, so rasch sie kann, davonzukrabbeln. Das Sprungvermögen ist nicht besonders gut und reicht nur für kurze Hüpfer. Die Stridulation ist sehr leise und setzt sich aus gezogenen, weichen s-s-s-Folgen zusammen, zirpende Männchen sind nur auf wenige Dezimeter Entfernung vernehmbar. Die Eiablage soll in den Boden erfolgen. Nachtaktiv.
Verbreitung: In der BRD im Norden fehlend, wie in der Schweiz sind in neuerer Zeit die Vorkommen fraglich; östliches Österreich.

Keine Angaben über Gefährdung

▲ ♀

▼ ♀

(D) Vorkommen? (A) Gefährdet (A.3) (CH) Vorkommen?

Leptophyes albovittata, Weißfleckige Zartschrecke (VII–IX)
Körpergröße: Männchen 10–12 mm, Weibchen 14–16 mm.
Färbung: Grün, fein dunkel punktiert.
Habitus: Zarte Tiere mit langen, dünnen Beinen und sehr langen Fühlern (3–4fache Körperlänge), wirken fast wie eine *Phaneroptera falcata* mit sehr stark gestutzten Flügeln.
Standort: Grasfluren, mit krautigen Pflanzen durchsetzt; gelegentlich auch auf Gesträuch oder niedrigem Gebüsch in Bodennähe.
Art: Halsschild bedeckt mindestens die Hälfte der Deckflügel, auf den Flanken jeweils ein heller Längsstreifen. Männchen mit fast geraden Cerci, Legeröhre der Weibchen höchstens doppelt so lang wie der Halsschild.
Lebensweise: Die Fortbewegungsweise entspricht bis auf das fehlende Flugvermögen fast der der Sichelschrecke. Bei Störung läßt sich die Zartschrecke fallen, Fluchtsprünge sind eher ungerichtet und kurz. Die Stridulationsfrequenzen sind sehr hoch, äußerst leise und fast nicht zu vernehmen.
Das Bild zeigt ein Weibchen nach der Kopula, die Spermatophore dieser Art ist relativ klein. Die Weißfleckigen Zartschrecken kopulieren im Vergleich zu anderen Heuschreckenarten verhältnismäßig häufig.
Als Nahrung werden saftige Pflanzen bevorzugt, die Eiablage erfolgt in Stengel o. ä.
Verbreitung: In der nördlichen BRD und der gesamten Schweiz fehlend; ganz Österreich.

Leptophyes punctatissima, Punktierte Zartschrecke (VII–IX)
Körpergröße: Männchen 10–12 mm, Weibchen 12–16 mm.
Färbung: Grün, auch an den Flanken dicht mit feinen, schwarzen Punkten fast gleicher Größe übersät.
Habitus: Ähnlich der vorigen Art, aber hochbeiniger wirkend.
Standort: Hohe, krautige Pflanzen, Gesträuch und Gebüsch, tief herabreichende Astspitzen von Bäumen.
Art: Der Halsschild mit gelblichem Seitenstreif bedeckt die Deckflügel nur wenig, diese mit dunklem Streif; Männchen mit an der Spitze rund gebogenen Cerci, Legeröhre der Weibchen mehr als doppelt so lang wie der Halsschild.
Lebensweise: Die Punktierte Zartschrecke bevorzugt etwas höhere Vegetationsschichten als die vorige Art, sie geht nur selten in direkte Bodennähe. Fortbewegung wie *L. albovitatta*. Stridulation ebenfalls sehr leise, Eiablage in trockene Pflanzenstengel und Rindenritzen. Dämmerungsaktiv.
Verbreitung: In der BRD verstreute Vorkommen, nach Osten hin seltener, vereinzelt in der Schweiz und dem östlichen Österreich.

(D) Gefährdet (A.3)   (A) Nicht gefährdet   (CH) –

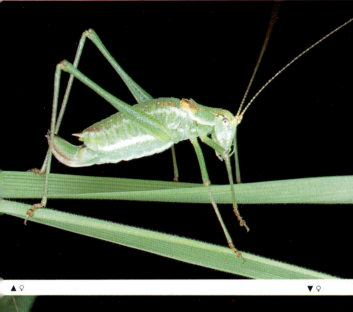

▲ ♀

▼ ♀

(D) Nicht gefährdet   (A) Gefährdet (A.3)   (CH) Gefährdet (A.3)

Barbitistes serricauda, Laubholz-Säbelschrecke (VI–X)
Körpergröße: Männchen 14–16 mm, Weibchen 18–20 mm.
Färbung: Grundfarbe Grün, auch bräunlich oder gelblich getönt, Männchen lebhafter gefärbt als Weibchen; heller, gelblicher Längsstreif von den Augen bis zum hinteren Halsschildrand, bei Weibchen zumindest angedeutet. Bei beiden Geschlechtern Halsschild und Hinterleib mehr oder minder dicht punktiert, die schwarzen Pünktchen sind von unterschiedlicher Größe.
Habitus: Den vorigen Gattungen ähnlich, auffallend dünne Beine.
Standort: Krautige Wiesen und Gesträuch in trocken-warmer Lage, zuweilen auch an aufgelockerten Waldrändern.
Art: Cerci des Männchens am Ende spitz, nicht verdickt.
Lebensweise: Die Bewegungsweise ist vorsichtig-stelzend; beim Herumsteigen auf den Blättern tasten die Tiere eine Trittstelle oft mehrmals ab, bevor sie sie mit einem Bein belasten. Bei Störung hüpfen die Säbelschrecken einfach von der Unterlage etwas ab und fallen so in die Vegetation. Die Männchen stridulieren mit kurzen, leisen z-z-z-Folgen, wobei sie mit dem ganzen Körper mitvibrieren und auch die Unterlage zum Schwingen bringen können. Die Laubholz-Säbelschrecke ist wärmeliebend, sie sonnt sich gern auf windgeschützten, exponierten Blättern. Sie streckt dann die Beine weit ab und kann so bei oberflächlicher Betrachtung fast den Eindruck einer bunten Spinne erwecken. Pflanzenfresser, die Eiablage soll in Rindenspalten geschehen.
Verbreitung: Südliche BRD; nur vereinzelt in der Schweiz; in Österreich, besonders im Osten, weiter verbreitet.

Barbitistes constrictus, Nadelholz-Säbelschrecke (VII–IX)
Körpergröße: Männchen 14–16 mm, Weibchen 17–20 mm.
Färbung: Sehr farbvariabel, Grundfarbe meist grün bis bräunlich, auch schwärzlich oder gelblich-braun gefleckt. Halsschild kann bei Männchen fast schwarz sein, mit feiner, heller Mittellinie. Fühler oft hell-dunkel geringelt.
Habitus: Etwas schlanker als vorhergehende Art.
Standort: Nadelgehölz, aber auch auf Laubgehölz, Buschwerk, Farn und dergleichen.
Art: Cerci des Männchens vor dem Ende etwas verdickt, dann spitz auslaufend.
Lebensweise: Die Nadelholz-Säbelschrecke ist ein dämmerungs- bzw. nachtaktives Tier, die Männchen beginnen gegen Abend zu zirpen, die Stridulation soll aus z-z-z-z-zp-Folgen bestehen. Bis vor etlichen Jahrzehnten war diese bunte Schrecke noch durchaus häufig, hin und wieder wurde sogar von Massenauftreten zusammen mit der Nonne (*Lymantria monacha*) berichtet. Heute ist sie recht selten geworden, vielleicht hängt das Zurückgehen dieser Art mit der intensivierten Waldhygiene zusammen.
Verbreitung: Südöstliche BRD; nördliches Österreich; aus der Schweiz nicht bekannt.

(D) Gefährdet (A.3)   (A) Gefährdet (A.3)   (CH) Stark gefährdet (A.2)

▲ ♀

▼ ♂

(D) Gefährdet (A.3)   (A) Stark gefährdet (A.2)   (CH) –

Poecilimon gracilis, Zierliche Buntschrecke (VII–VIII)
Körpergröße: Männchen 15–17 mm, Weibchen 16–18 mm.
Färbung: Grundfarbe Grün, unregelmäßig fein-dunkel punktiert. Halsschild mit nach hinten verbreitertem, bräunlichem Seitenstreif, Hinterleib am Rücken mit zwei helleren, zuweilen nur angedeuteten Längsstreifen.
Habitus: Ähnlich Gattung *Isophya*, aber rundlicher wirkend.
Standort: Wärmere Orte mit großblättrigem, krautigem Bewuchs oder niedrigerem Gesträuch.
Lebensweise: Die Buntschrecken sind recht wärmeliebende Tiere, die sich ähnlich der Gattung *Barbitistes* gern auf großen Blättern sonnen. Die Bewegungsweise ist wie bei den vorhergehenden, kurzgeflügelten Phaneropteridae. Tagaktiv, die Männchen stridulieren mit leisen, knacksenden Lauten.
Verbreitung: In der BRD und der Schweiz fehlend; nur südöstliches Österreich (Kärnten).

Polysarcus denticauda, Gemeine Wanstschrecke (VII–IX)
Körpergröße: Männchen 28–32 mm, Weibchen 33–40 mm.
Färbung: Olivgrüne Männchen, besonders im Alter dunkler gefleckt; Weibchen eher gleichmäßig grasgrün.
Habitus: Große, plumpe, fast klobig wirkende Tiere mit sehr stark rückgebildeten, kaum sichtbaren Deckflügelschuppen.
Standort: Offene, niedrige Wiesen auf vorwiegend feuchteren Böden.
Lebensweise: Die Wanstschrecke lebt im unteren, bodennahen Bereich der Vegetation, durch ihr Körpergewicht und ihre Größe bedingt, klettert sie nur selten höher in die Vegetation hinauf. Bei der Fortbewegung preßt oder drückt sie sich durch die Vegetation bzw. drückt diese nieder. Pflanzenfresser, der gelegentlich auch kleinere Insekten o.ä. fressen soll. Bis kurz nach dem 2. Weltkrieg wurde wiederholt von Massenauftreten dieser Art berichtet; die damals durch die Wanstschrecke verursachten Schäden in der Landwirtschaft führten sogar zur Bekämpfung dieser Schrecke. In den letzten Jahrzehnten gingen die Fundmeldungen immer mehr zurück, der Wanstschrecke wird offensichtlich durch intensivere Bodenkultivierung (hauptsächlich Entwässerungsmaßnahmen) zunehmend der Lebensraum genommen oder zumindest sehr stark eingeengt. Die Stridulation ist ein in der Tonhöhe stetig ansteigendes Sirren, das mit einem scharfen, „ssik"-ähnlichen Laut beendet wird. Diese Lautfolge wird wiederholt und macht die Art akustisch gut erkennbar. Stridulierende Männchen verstummen allerdings schon bei sehr geringen Erschütterungen, z.B. wenn man sich ihnen nähert. Sie flüchten bei Störung nicht sofort, sondern verharren stumm und regungslos auf ihrem Platz. Durch ihre Färbung sind sie optisch gut getarnt und im Pflanzengewirr schwer zu entdecken, obwohl sie zum Zirpen meist etwas höhere, aber dichte, krautige Pflanzen aufsuchen. Auch die Weibchen sind gut getarnt, trotz ihrer Größe kann man sie ohne weiteres auch auf nur 50 cm Entfernung einfach übersehen. Die Weibchen können ebenfalls stridulieren, allerdings wesentlich leiser als die Männchen. Beim Anfassen kann der scharfe „ssik"-Laut einzeln als Schreckaut hervorgebracht werden. Die Eiablage erfolgt in den Boden, die Eier sind bräunlich und etwas abgeflacht.
Verbreitung: Südliche BRD; Schweiz; südliches und östliches Österreich.

(D) – (A) Vom Aussterben bedroht (A.1) (CH) –

▲ ♀

▼ ♀

(D) Gefährdet (A.3) (A) Gefährdet (A.3) (CH) Gefährdet (A.3)

Familie Meconemidae – Eichenschrecken

Meconema thalassinum, Gemeine Eichenschrecke (VII–X)
Körpergröße: Männchen 11–13 mm, Weibchen 13–15 mm.
Färbung: Glasig-hellgrün.
Habitus: Kleine, zierliche Tiere.
Standort: Laubbäume und höheres Gebüsch.
Art: Macropter; Flügel etwa so lang wie der Hinterleib.
Lebensweise: Die Eichenschrecke ist ein dämmerungs- und nachtaktiver Baumbewohner, nur selten bekommt man unter Tags verflogene Exemplare zu Gesicht. Sie bewegt sich sehr flink und hurtig auf Blättern und Ästen, kürzere Distanzen überwindet sie auch im Sprungflug. Sie fliegt nicht schlecht, ist aber nicht besonders flugfreudig. Den Deckflügelbasen der Männchen fehlt die Ausbildung zum Stridulationsorgan, die Männchen können nicht zirpen! Zur Paarungsaufforderung trommeln sie mit den Hinterbeinen auf die Unterlage, dabei richten sie die Flügel fast senkrecht auf und nehmen so eine sehr typische Stellung ein. Die Trommel- bzw. Stampfgeräusche locken paarungslustige Weibchen an. Die Eichenschrecke scheint sich öfters von kleineren Tieren zu ernähren, sofern sie zu überwältigen sind. Die Eiablage erfolgt in Rinden. Die Eichenschrecken (auch die folgende Art) dringen entlang geeigneter Grünschneisen bis in die Zentren von Großstädten vor, durch ihre verborgene Lebensweise in den Baumkronen fallen sie kaum auf.
Verbreitung: In der BRD, der Schweiz und in Österreich weit verbreitet.

Meconema meridionale, Südeuropäische Eichenschrecke (VII–X)
Körpergröße: Männchen 10–13 mm, Weibchen 15–17 mm.
Färbung: Wie vorige Art, glasiges Hellgrün.
Habitus: Wie vorige Art, siehe auch Artmerkmale!
Standort: Gebüsch und Bäume; geht auch in niedrigere Vegetationsschichten wie Gebüsch oder höheres Gesträuch, bleibt aber in der Nähe von Bäumen. In Städten bisweilen auf Fliederstauden.
Art: Hypopter, Flügeldecken schuppenförmig und kürzer als das Halsschild.
Lebensweise: Wie vorige Art ebenfalls dämmerungs- und nachtaktiv; behende Bewegungsweise, läuft oft schubweise und spiralförmig um bzw. an Ästen entlang. Flüchtet bei Störung springend, das Sprungvermögen ist gut, die Sprünge sind gerichtet und zielsicher. Die Abbildung zeigt ein kopulierendes Pärchen, die Männchen halten sich mit den Kiefern an der Legeröhre der Weibchen fest.
Verbreitung: In der BRD und der Schweiz fehlend, in den letzten Jahrzehnten sehr lokal im östlichen Österreich auftauchend.

Ⓓ Nicht gefährdet　　Ⓐ Nicht gefährdet　　㏇ Nicht gefährdet

▲ ♀　　　　　　　　　　　　　　　　▼ ♀ links, ♂ rechts

Ⓓ –　　　　Ⓐ Eingebürgert (B.4)　　㏇ –

Familie Sagidae – Sägeschrecken
Saga pedo, Sägeschrecke (VIII–X)
Körpergröße: Nur Weibchen, 50–65 mm.
Färbung: Sattes Grün; seitlich oft ein heller, gelblicher Längsstreifen, am Halsschild dünn und scharf begrenzt, am Hinterleib mit verwaschenen Rändern.
Habitus: Große, mächtige Tiere mit gänzlich rückgebildeten Flügeln und sehr langen, dünnen Hinterbeinen.
Standort: Äußerst warme und günstig gelegene Orte (Wärmeinseln) mit hoher und dichter, stark verfilzter Vegetation.
Lebensweise: Die Sägeschrecke ist die größte im deutschsprachigen Raum vorkommende Heuschreckenart; es gibt von ihr nur Weibchen, da die Fortpflanzung parthenogenetisch erfolgt. Die Weibchen legen ohne Befruchtung durch Männchen entwicklungsfähige Eier in den Boden ab. Die Existenz von Männchen ist unwahrscheinlich, die spärlichen Berichte über Männchen dürften auf Fehlbestimmungen (Weibchen-Larven!) beruhen. Die große Schrecke ist ein reiner Räuber und ernährt sich hauptsächlich von Feldheuschrecken, aber auch anderen Insekten. Kommt ein Beutetier in ihre Reichweite, stößt sie zu und erfaßt das Tier mit den innen stark bedornten Vorder- und Mittelbeinen. Zum Beuteerwerb siehe auch S. 46, Ernährung! In der dichten Vegetation ihres Standortes bewegt sich die Sägeschrecke trotz ihrer Körpergröße recht gut. Kennzeichnend für sie ist ihr federnd-hängendes Klettern zwischen den Vegetationselementen, auf einzelne Vegetationsstrukturen wie z. B. Halme steigt sie fast nie. Für sie bildet die Vegetation ein räumliches Netzwerk, in dem sie sich bewegt. Bei Störung verharrt sie zumeist regungslos in der zuletzt innegehabten Stellung. Bei stärkerer Störung flüchtet sie mit kurzen, unsicheren Sprüngen oder versucht, heftig mit den Beinen umherrudernd, kletternd nach unten zu entkommen. Ein schnelles Durchdringen der Vegetation ist der Sägeschrecke nur bedingt möglich.
Achtung, die Sägeschrecken können beim Ergreifen mit der Hand empfindlich beißen! Aufgefundene Tiere unbedingt in Ruhe lassen, die Art ist schon sehr gefährdet.
Verbreitung: In der BRD fehlend; sehr vereinzelt in der Schweiz und dem östlichen Österreich.

Familie Conocephalidae – Schwertschrecken
Homorocoryphus nitidulus, Schiefkopfschrecke (VIII–X)
Körpergröße: Männchen 20–30 mm, Weibchen 22–35 mm.
Färbung: Zart hellgrün, selten hell-olivbraun.
Habitus: Große, gestreckt wirkende Tiere mit langen, schmalen Flügeln und langen Hinterbeinen.
Standort: Feuchte Orte, mit hohem und dichtem Binsen- oder Schilfbewuchs bzw. anderen Pflanzen.
Lebensweise: Die Schiefkopfschrecke ist ein Bewohner von vertikal strukturierten Vegetationsbeständen, findet sich bisweilen aber auch auf höheren, krautigen Pflanzen. Die Bewegungsweise läßt eine gute Anpassung zu dieser Umgebung erkennen. Bei Störung flüchtet sie springend oder fliegend; das Flugvermögen ist recht gut, die Flüge können eine Weite von mehreren Metern erreichen und wiederholt werden. Die Schiefkopfschrecke ist dämmerungs- und nachtaktiv, unter Tags hält sie sich eng am Halme oder Stengel gedrückt versteckt. Ihre Färbung ist eine gute, optische Tarnung.
Die Stridulation ist ein scharfes und schrilles, durchdringendes Sirren, dessen Lautstärke am Beginn des Gesanges merklich gesteigert wird. Gewöhnlich beginnen die Männchen erst in den Abendstunden mit ihrem Gesang, an warmen und bedeckten Sommertagen kann dies auch am späten Nachmittag geschehen und bis in die Nacht fortgesetzt werden. Die Eiablage dürfte in den Boden erfolgen.
Verbreitung: Sehr selten im südlichsten Teil der BRD; vereinzelt in der Schweiz und dem westlichen und östlichen Österreich. Geschützt!

| D | A Vom Aussterben bedroht (A.1) | CH Vom Aussterben bedroht (A.1) |

▲ ♀ ▼ ♀

| D Vom Aussterben bedroht (A.1) | A Vom Aussterben bedroht (A.1) | CH Gefährdet (A.3) |

Conocephalus discolor, Langflügelige Schwertschrecke (VII—X)
Körpergröße: Männchen 13—15 mm, Weibchen 14—20 mm.
Färbung: Intensives, etwas glasig wirkendes Grün.
Habitus: Schlanke Tiere mit langen, schmalen Flügeln und langen, gut ausgebildeten Sprungbeinen; mit auffallend langer, fast gerader Legeröhre.
Standort: Feuchte Orte mit dichtem Gras-, Binsen- oder Schilfbewuchs; in Schilfbestände dringt die Art aber nur selten ein, sie bleibt da mehr in den Randzonen.
Art: Macropter; Flügel überragen den Hinterleib, die Weibchen mit etwa körperlanger, fast gerader Legeröhre.
Lebensweise: Wie die Schiefkopfschrecke besiedelt die Langflügelige Schwertschrecke stark vertikal strukturierte Vegetationsbestände. Sie läuft schnell und sicher auf den Halmen herum, nicht direkt erreichbare Halme werden treffsicher angesprungen, nur selten wird ein Halm oder Stengel beim Sprung verfehlt. In Ruhestellung sitzen sie mit dem Kopf nach unten auf den Halmen, die Sprungbeine locker nach hinten gestreckt. Bei Störung zeigen sie ein recht typisches Verhalten, das „Sichern-hinter-dem-Halm". Bei Beunruhigung wechseln die Tiere schnell auf die von der Störquelle abgewandte Seite des Halmes und drücken sich eng an diesen an. Die Fühler und Hinterbeine werden flach ausgestreckt ebenfalls an den Halm gelegt, von den Tieren sind dann am Halmrand nur noch die Tarsenspitzen zu sehen. Erfolgt keine weitere Störung mehr, lugen die Schwertschrecken nach kurzer Zeit mit dem Kopf hinter dem Halm hervor. Je nach Art einer weiteren Störung flüchten sie laufend – immer auf der abgewandten Halmseite – oder springen nach unten weg. Fluchtflüge bzw. auch spontane Flüge sind eher selten. Die Stridulation ist ein leises, immer wieder unterbrochenes, sehr hohes und silbern klingendes Sirren. Die Schwertschrecken ernähren sich von Pflanzen, sollen aber gelegentlich auch räubern. Eiablage in markhaltige Pflanzen.
Verbreitung: In der BRD im Norden und Südosten fehlend, in der Schweiz seltener, in Österreich weiter verbreitet.

Conocephalus dorsalis, Kurzflügelige Schwertschrecke (VII—X)
Körpergröße: Männchen 13—15 mm, Weibchen 13—18 mm.
Färbung: Wie vorige Art.
Habitus: Wie vorige Art, Unterschiede siehe unten!
Standort: Ähnlich der vorigen Art.
Art: Hypopter, Flügel höchstens halb so lang wie der Hinterleib; Weibchen mit krummer Legeröhre.
Lebensweise: Sehr ähnlich der vorigen Art, vielleicht etwas weniger an feuchte Biotope gebunden. Die Stridulation ist ein ununterbrochenes, leises und wisperndes Sirren mit zwei unterschiedlichen Klängen, etwa sch-sch-sch-sch-d-d-d-d-sch usw. Diese Klangfolgen werden ohne Unterbrechung manchmal ziemlich lang durchgehalten.
Verbreitung: In der BRD im Süden seltener, in der Schweiz verstreut, in Österreich weit verbreitet.

(D) Nicht gefährdet (A) Gefährdet (A. 3) (CH) Gefährdet (A. 3)

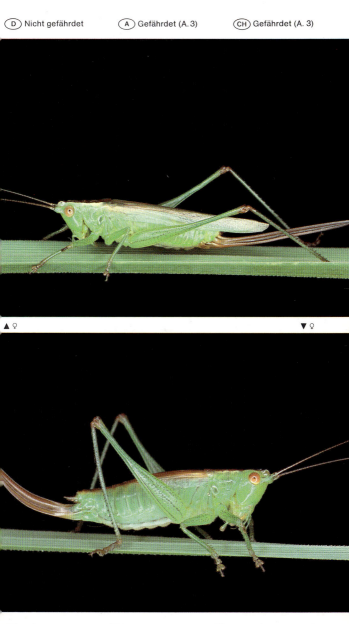

▲ ♀ ▼ ♀

(D) Nicht gefährdet (A) Gefährdet (A. 3) (CH) Stark gefährdet (A. 2)

Familie Ephippigeridae – Sattelschrecken
Ephippiger ephippiger, Steppen-Sattelschrecke (VII–IX):
Körpergröße: Männchen 22–25 mm, Weibchen 25–34 mm.
Färbung: Grün, selten dunkelgrün; heller, gelblicher Längsstreif auf den Seiten, der Hinterleib kann mit dunkleren Querbinden versehen sein.
Habitus: Im Aussehen der Wanstschrecke (*Polysarcus denticauda*) etwas ähnlich, dünne Hinterbeine und sattelförmig eingedrücktes Halsschild!
Standort: Trocken-heiße Steppenbereiche mit lockerem Gebüsch; Steppenheidewald; bisweilen auch in der Umgebung von günstig gelegenen, wenig gestörten Weingärten.
Lebensweise: Die Steppen-Sattelschrecke ist ein Gebüschbewohner, der zwar langsam, aber nicht unbeholfen im Blattwerk herumklettert. Stridulierende Männchen suchen sich entweder exponiertere Zweige als Zirpwarten oder hocken tief im Gesträuch versteckt. Die Stridulation ähnelt einem krächzend klingenden „tßißip-tßißip-tßißip-tßißip", Männchen wie Weibchen können beim Erfassen knisternd klingende Schrecklaute erzeugen. Pflanzenfresser, soll auch kleinere Tiere fressen. Die Eiablage soll in Rinden oder in den Boden erfolgen. Die Steppen-Sattelschrecke ist eine ausgesprochene Reliktform der nacheiszeitlichen Wärmeperiode, ihre recht hohen Temperaturansprüche werden nur an sehr günstig gelegenen Wärmeinseln erfüllt; die Vorkommen der stenöken Schrecke sind sehr lokal und scharf abgegrenzt.
Verbreitung: Südwestliche BRD, vereinzelt in der Schweiz; sehr lokal in Ostösterreich. Geschützt!

Familie Tettigoniidae – Singschrecken
Unterfamilie Decticinae – Beißschrecken
Pholidoptera aptera, Alpen-Strauchschrecke (VII–X)
Körpergröße: Männchen 20–23 mm, Weibchen 21–26 mm.
Färbung: Auffallend dunkle Tiere: Kopf schwarz mit hellem Scheitel; Seitenlappen des Halsschildes schwarz, rückwärtiger Rand der Seitenlappen mit breitem, gelblichem Saum. Oberseite des Halsschildes bräunlich, Hinterleib braungrau mit dunkler Sprenkelung. Bauch hell-gelblich. Hinterschenkel auf der Seite tiefschwarz, Oberseite grau, Unterseite hell-gelblich.
Habitus: Sehr gedrungen und kompakt gebaute Tiere mit großen und mächtigen Sprungbeinen.
Standort: Dichtes Buschwerk und Gesträuch.
Art: Seitenlappen des Halsschildes nur am hinteren Rand mit hellem Saum versehen; Legeröhre der Weibchen nur schwach gekrümmt.
Lebensweise: Die Alpen-Strauchschrecke ist ein Bewohner von sehr dichtem Blattwerk und dieser Umgebung in ihrer Bewegungsweise ausgezeichnet angepaßt. Zur Bewegungsweise der Gattung *Pholidoptera* siehe auch die nächste Art, *Pholidoptera griseoaptera!* Zum Zirpen suchen die Männchen der Alpen-Strauchschrecke gern hervorragende Äste oder Blätter als Zirpwarten auf, die Stridulation besteht aus recht lauten, schnell aufeinanderfolgenden Rufreihen von metallischem Klang. Während des Zirpens scheinen die Männchen weniger auf ihre Umgebung zu achten als sonst, man kann sich ihnen leichter nähern als den Weibchen, die sehr scheu sind und bei der geringsten Beunruhigung in der Vegetation verschwinden. Teils Räuber, teils Pflanzenfresser; Bodenleger.
Verbreitung: Alpenvorland und Alpen (bis ca. 1600 m); südliche BRD; Schweiz, Österreich.

| D Vom Aussterben bedroht (A.1) | A Gefährdet (A.3) | CH Vom Aussterben bedroht (A.1) |

▲ ♀   ▼ ♀

| D Nicht gefährdet | A Gefährdet (A.3) | CH Nicht gefährdet |

Pholidoptera griseoaptera, Gemeine Strauchschrecke (VII–X)

Körpergröße: Männchen 13–15 mm, Weibchen 16–19 mm.
Färbung: Graubraun-marmoriert; Oberseite des Halsschildes zuweilen braun, Seitenlappen des Halsschildes mit schmaler, heller Randlinie. Bauch gelbgrünlich.
Habitus: Ähnlich der vorhergehenden Art.
Standort: Gesträuch, Gebüsch, auch Feldraine und Ruderalstellen.
Art: Halsschild-Seitenlappenrand nur mit feiner, heller Linie, ohne breiteren Saum; Legeröhre der Weibchen sichelförmig gekrümmt.
Lebensweise: Nur wenige andere Heuschrecken bewegen sich im dichten Blattwerk so flott und schnell wie die Strauchschrecken. Geradezu spielerisch und elegant laufen und klettern sie auf den Blättern und Ästen herum, kürzere Distanzen von Blatt zu Blatt oder von Ast zu Ast mit sicheren Sprüngen überwindend. Der gedrungene Körperbau erleichtert das Hindurchschlüpfen zwischen den Strukturelementen der Pflanzen, die Strauchschrecken „schwimmen" förmlich in der Vegetation. Bei Störung flüchten sie mit einem weiten Sprung in die nächstgelegene Deckung, dort hurtig und häufig die Richtung wechselnd zum Boden weiterkletternd. Eine flüchtende Strauchschrecke hat man binnen weniger Sekunden aus den Augen verloren, wo sie möglicherweise wieder auftaucht, ist völlig ungewiß.
Die Männchen der Gemeinen Strauchschrecke beginnen mit ihrem Gezirpe am Nachmittag und setzen es bis in die späte Nacht hinein fort. Die Stridulation dieser Art ist leise und nur auf wenige Meter vernehmbar, sie besteht aus locker gereihten, zögernden „zrri---zrri---zrri"-Lauten, zwischen denen etliche Sekunden Pause liegen. Die Männchen sind zudem noch ziemlich ortsstet und bleiben häufig immer in der Nähe „ihres" Busches. Die Gemeine Strauchschrecke ist recht kältefest; sie dringt auch sehr weit in Großstadtbereiche vor. Bei nicht allzu hartem Winterbeginn kann man noch durchaus im November am Abend die recht charakteristischen „zrri---zrri"-Folgen der Männchen im Gebüsch und Gesträuch von Parkanlagen hören. Ernährung und Eiablage wie vorige Art.
Verbreitung: In der BRD, der Schweiz und Österreich recht weit verbreitet; Vorkommen aber unregelmäßig: stellenweise häufig, stellenweise fehlend.

Pholidoptera fallax, Fischers Strauchschrecke (VII–IX)

Körpergröße: Männchen 14–16 mm, Weibchen 16–20 mm.
Färbung: Graubraun-marmoriert, ähnlich *Ph. griseoaptera*; Kopf und Halsschild auf Augenhöhe mit schwarzem, seitlichem Streif, Halsschild-Seitenlappen am Unterrand mit breitem, hellem Saum. Bauch grünlich.
Habitus: Wie vorhergehende *Pholidoptera*-Arten.
Standort: Gesträuch und hohe, dichte Wiesen an trockenwarmen Stellen.
Art: Breite, gelbliche Binde am Unterrand des Halsschild-Seitenlappens.
Lebensweise: Bewegungsweise wie *Ph. aptera* und *Ph. griseoaptera*. Im Gegensatz zu diesen beiden *Pholidoptera*-Arten ist Fischers Strauchschrecke ein Bewohner von dichten, trockenwarmen Grasbeständen und eher selten an Gebüschrändern und ähnlichem vorzufinden. Sie scheint die thermisch günstiger gelegeneren Bereiche zu besiedeln, an denen die Gemeine Strauchschrecke fehlt.
Verbreitung: Verstreute Vorkommen im östlichen Österreich, in der BRD und der Schweiz fehlend.

Ⓓ Nicht gefährdet   Ⓐ Nicht gefährdet   ⒸⒽ Nicht gefährdet

▲ ♀   ▼ ♀

Ⓓ –   Ⓐ Stark gefährdet (A. 2)   ⒸⒽ –   **103**

Yersinella raymondi, Yersins Schrecke (VII–IX)
Körpergröße: Männchen 12–14 mm, Weibchen 13–15 mm.
Färbung: Grundfarbe Grau; hellerer, oft bräunlicher Mittelstreif am Rücken, auf der Seite von Kopf bis Hinterleibsende ein dunkler, zum Bauch hin allmählich auslaufender Streif. Bauch grünlich.
Habitus: Kleine, durch das gleichmäßig breite Halsschild etwas eingeschnürt wirkende Tiere mit kräftigen Sprungbeinen.
Standort: Gebüsch und Gesträuch, dichtes Unkraut und ähnliche Ruderalbiotope.
Art: Vorderbrust auf der Unterseite ohne Dornen; Hinterschienen am Schienen-Tarsengelenk mit zwei Enddornen.
Lebensweise: Yersins Schrecke ist ein fast noch flinkerer und wendigerer Gesträuchbewohner als die Vertreter der Gattung *Pholidoptera*, denen sie in vielerlei Hinsicht ähnelt.
Verbreitung: Mediterran; erreicht den deutschsprachigen Raum nur in Südtirol.

Metrioptera brachyptera, Kurzflügelige Beißschrecke (VII–IX)
Körpergröße: Männchen 14–16 mm, Weibchen 17–20 mm.
Färbung: Grundfarbe Bräunlich-Grau; Oberseite von Kopf und Halsschild sowie Teile der Flügel intensivgrün. Bauch grün-bräunlich.
Habitus: Kleine, kompakt gebaute Tiere mit kräftigen Sprungbeinen.
Standort: Hohe, feuchte Wiesen; Waldwiesen, Waldränder mit hohem, feuchtem Grassaum, gelegentlich auch feucht-moorige Grasbestände.
Art: Cerci der Männchen etwa in der Mitte innen gezähnt; Legeröhre der Weibchen etwa doppelt so lang wie das Halsschild.
Lebensweise: Die Kurzflügelige Beißschrecke ist ein Bewohner von hohen und dichten, stark vertikal strukturierten Grasbeständen. Die Bewegung auf bzw. zwischen den Halmen ist sehr flink, das gute Sprungvermögen wird bei Störung zu 50–70 cm weiten Fluchtsprüngen genützt. Einmal geflüchtet, sind die Tiere kaum mehr wiederzufinden, da sie sich in den unteren Vegetationsschichten verstecken. Die Männchen stridulieren vornehmlich bei kräftigem Sonnenschein, die Lautfolgen klingen etwa wie „ßßssi-ßßssi-ßßssi". Zwischen den aneinandergereihten, schnell vorgetragenen Lautfolgen liegen gleichmäßige Pausen. Die Nahrung bilden Pflanzen und eventuell kleinere Tiere; die Eiablage dürfte in den Boden geschehen.
Verbreitung: In der BRD, der Schweiz und Österreich weit verbreitet.

D A CH Keine Angaben über Gefährdung

▲ ♀

▼ ♂

D Nicht gefährdet A Nicht gefährdet CH Nicht gefährdet

Metrioptera roeseli, Roesels Beißschrecke (VII–IX)
Körpergröße: Männchen 13–17 mm, Weibchen 16–20 mm.
Färbung: Grundfarbe bräunliches Grau oder Grün; oberhalb der Augen schwarze Längsstreifen am Kopf, Seitenlappen des Halsschildes (Paranota) ebenfalls schwarz mit hellem, meist gelblichem Saum. Am Hinterleib zwei dunklere, oft schwärzliche Längsstreifen, Bauch grünlich.
Habitus: Siehe vorhergehende Art!
Standort: Ähnlich der vorigen Art, ist aber auch auf weniger feuchten Wiesen zu finden.
Art: Männchen mit langen, vor der Spitze innen gezähnten Cerci; Legeröhre der Weibchen nur wenig länger als das Halsschild.
Lebensweise: Die lebhaft gefärbte Schrecke ist der vorigen Art recht ähnlich, an geeigneten Orten treten die beiden Arten gemeinsam auf. Die leise Stridulation besteht aus einem gleichmäßigen, weichen und hohen Sirren. Roesels Beißschrecke ist hauptsächlich ein Pflanzenfresser.
Verbreitung: In der BRD, der Schweiz und Österreich sehr häufig und weit verbreitet.

Metrioptera bicolor, Grüne Beißschrecke (VI–IX)
Körpergröße: Männchen und Weibchen 15–18 mm.
Färbung: Helles Grasgrün, Rücken mit hellbraunem Mittelstreif; selten gänzlich bräunlich gefärbt.
Habitus: Wie vorhergehende *Metrioptera*-Arten.
Standort: Hohe, dichte Grasbestände auf trockenen Böden; Heiden, Trockenrasen, Feldraine usw.
Art: Cerci der Männchen an der Spitze gezähnt; Legeröhre der Weibchen kurz, an der Basis stark gekrümmt.
Lebensweise: Die Grüne Beißschrecke vertritt die Gattung *Metrioptera* in trockeneren Vegetationsbereichen. Die Stridulation ist lauter und besteht aus immer wieder unterbrochenen „ßßrrr-ßßßrrr-ßßßrrr"-Folgen. Ernährung und Eiablage wie die anderen *Metrioptera*-Arten.
Verbreitung: Verstreute Vorkommen im Süden der BRD; vereinzelte Vorkommen in der Schweiz; in Österreich etwas weiter verbreitet.

(D) Nicht gefährdet   (A) Nicht gefährdet   (CH) Nicht gefährdet

▲ ♀   ▼ ♂

(D) Nicht gefährdet   (A) Gefährdet (A.3)   (CH) Stark gefährdet (A.2)

Platycleis grisea, Graue Beißschrecke (VII–IX)
Körpergröße: Männchen 16–22 mm, Weibchen 18–24 mm.
Färbung: Grundfarbe Grau, fein marmoriert; Deckflügel mit mehreren, unscharf begrenzten, hellen Flecken. Bauch hell gelb-grünlich.
Habitus: Beißschrecken-Habitus (ähnlich Gattung *Metrioptera*).
Standort: Offene, lückenhafte und schüttere Trockenrasen, dünne Heideflächen mit locker verstreutem Gesträuch oder niedrigen Büschen.
Art: Die drei langgeflügelten, in Mitteleuropa vorkommenden Arten der Gattung *Platycleis*, die Graue Beißschrecke (*P. grisea*), die Westliche Beißschrecke (*P. albopunctata*) und die Südliche Beißschrecke (*P. affinis*) sind sehr nahe verwandt und nicht leicht unterscheidbar. Charakteristisch für alle drei Arten sind die die Hinterknie überragenden, langen und schmalen Flügel (Färbung der Deckflügel siehe oben!).
Lebensweise: Die drei genannten Beißschreckenarten sind allesamt Bewohner von lockerer und schütterer Vegetation, in die sowohl nackte Bodenstellen als auch einzelne höhere Vegetationsstrukturen wie niedriges Gesträuch oder höhere Grashorste eingestreut sind. Darüber hinaus sind die *Platycleis*-Arten noch recht wärmeliebend, so daß derartige Bereiche auch klimatisch recht günstig liegen müssen. Die Graue Beißschrecke ist ein Bodentier, das sich am häufigsten in den nur wenig bewachsenen Bereichen seines Biotops aufhält und selten in die dichtere Vegetation geht. Die Beißschrecken sind lebhafte, agile Tiere, die auf Störungen recht frühzeitig reagieren. Sie flüchten mit weiten Sprüngen, die meist in Fluchtflüge der gut fliegenden Schrecken übergehen. Durch Serien von Sprüngen bzw. Sprungflügen können die Beißschrecken relativ weite Fluchtwege erreichen. Ziel der Flucht ist immer die dichtere Vegetation des Biotops; die Beißschrecken „hechten" geradezu kopfüber ins Gesträuch oder in verfilzte Grashorste, wo sie sich schleunigst am Boden verstecken.
Auch für die Geschlechterfindung spielen diese höheren Biotopstrukturen eine gewisse Rolle, da die Männchen der Beißschrecken deren Umgebung zum Zirpen bevorzugen. Das Gezirpe der Beißschrecken-Männchen ist am Tag wie am Abend zu vernehmen. Die Stridulation besteht aus regellos gereihten, langen Lautfolgen, die etwa wie „zrrt--zrrt-----zrrt---zrrt" klingen. Die Beißschrecken ernähren sich sowohl räuberisch als auch vegetarisch, die Weibchen legen ihre Eier in den Boden ab.
Verbreitung: Westliche Beißschrecke: BRD: nördlich der Alpen in der Schweiz; in Österreich fehlend. Graue Beißschrecke: in der BRD fehlend; östliche Schweiz (Graubünden) und Ostösterreich. Südliche Beißschrecke: nur Ostösterreich.

Gefährdung: (D) Westliche Beißschrecke: Nicht gefährdet;
(A) Graue Beißschrecke: Nicht gefährdet;
Südliche Beißschrecke: Vom Aussterben bedroht (A. 1);
(CH) Westliche und Graue Beißschrecke: Gefährdet (A. 3).

Platycleis montana, Steppen-Beißschrecke (VII–IX)
Körpergröße: Männchen 13–15 mm, Weibchen 16–18 mm.
Färbung: Graubraun oder gelbbraun, fein marmoriert; Oberseite von Halsschild und Hinterschenkel zuweilen grünlich.
Habitus: Beißschrecken-Habitus.
Standort: Dürre, schüttere Grasfluren und Heiden mit Steppencharakter.
Art: Deckflügel wie bei der Grauen Beißschrecke mit unscharf begrenzten, hellen Flecken, aber nicht wie bei dieser die Hinterknie überragend.
Lebensweise: Die Steppen-Beißschrecke wirkt wie eine kleinere Graue Beißschrecke mit kürzeren Flügeln, in Bewegungs- und Lebensweise der vorigen Art sehr ähnlich.
Verbreitung: In der BRD und der Schweiz fehlend; nur östlichstes Österreich (Burgenland).

Gefährdung siehe Text!

▲ ♂   ▼ ♂

Ⓓ –   Ⓐ Vom Aussterben bedroht (A.1)   Ⓒₕ –   **109**

Platycleis tesselata, Gelbe Beißschrecke (VII–IX)
Körpergröße: Männchen 13–15 mm, Weibchen 14–16 mm.
Färbung: Grundfarbe Gelblichgrau; Halsschild-Seitenlappen am Rande mit hellem Saum, über den Augen dunkle Längsstreifen mit heller Mittellinie. Deckflügel mit sehr dunklem Längsstreif, der durch scharf abgegrenzte und sehr helle Queradern in rhombische Felder unterteilt wird.
Habitus: Beißschrecken-Habitus.
Standort: Trocken-warme, dürre Wiesen.
Art: Deckflügel-Zeichnung (siehe oben!); Deckflügel länger als der Hinterleib, aber nicht die Hinterknie überragend.
Lebensweise: Ähnlich den vorhergehenden *Platycleis*-Arten.
Verbreitung: Vorkommen in der BRD in den letzten Jahrzehnten fraglich geworden. In der Schweiz und in Österreich fehlend.

Platycleis vittata, Braunfleckige Beißschrecke (VII–IX)
Körpergröße: Männchen 13–15 mm, Weibchen 14–16 mm.
Färbung: Grundfarbe Gelblichgrau mit dunklerer Marmorierung (Fleckung); Halsschild-Seitenlappen am unteren und hinteren Rand mit hellem Saum, Deckflügel-Zeichnung siehe vorhergehende Art!
Habitus: Beißschrecken-Habitus.
Standort: Trockene, schüttere Grasbestände mit dürrem Gesträuch an sonnendurchglühten Hängen etc.
Art: Deckflügel-Zeichnung wie vorhergehende Art, Deckflügel aber deutlich kürzer als der Hinterleib und am Ende spitz zulaufend, nicht verrundet.
Lebensweise: Osteuropäisches-westasiatisches Faunenelement der Gattung *Platycleis;* die Braunfleckige Beißschrecke erreicht in Mitteleuropa im pannonischen Teil Österreichs (östliches Niederösterreich und Burgenland) ihre westliche Verbreitungsgrenze.
Verbreitung: In der BRD und Schweiz fehlend; nur in Ostösterreich.

D Ausgestorben oder verschollen (A.0)   A –   CH –

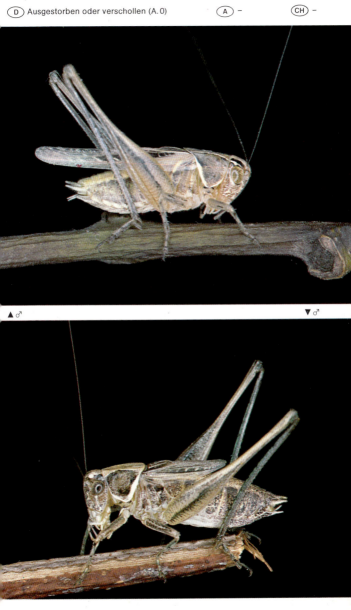

▲ ♂   ▼ ♂

D –   A Stark gefährdet (A.2)   CH – 111

Decticus verrucivorus, Warzenbeißer (VII–X)
Körpergröße: Männchen 27–35 mm, Weibchen 30–38 mm.
Färbung: Intensiv grün; Flügel stets, oft auch der Hinterleib dunkel gefleckt.
Habitus: Große, wuchtige Tiere mit auffallend großen Köpfen und langen, sehr kräftigen Sprungbeinen.
Standort: Offene, niedrige Wiesen, Heidefluren; bis in Höhenlagen von etwa 1200 m.
Art: Ein sehr charakteristisches Merkmal der Gattung *Decticus* ist der durchgehende, erhabene Mittelkiel auf der Oberseite des Halsschildes; die Deckflügel unseres Warzenbeißers überragen den Hinterleib, die Hinterknie nicht oder nur sehr wenig.
Lebensweise: Der Warzenbeißer ist eine stark an die Bodenregion gebundene Schrecke und geht kaum auf Pflanzen, die höher als etwa 30 cm sind. Auf lockeren Heidefluren hält er sich vorwiegend am Boden auf, auf dichteren, kurzgrasigen Wiesen bevorzugt er den oberen, bodennahen Vegetationshorizont als Aufenthaltsort. Bei Störung flüchten die großen Schrecken mit weiten, flachen Sprüngen und sofortigem Verkriechen am Boden, durch ihre grüne Färbung sind sie im Halmgewirr bestens verborgen. Sofern man sich die Aufsprungstelle eines geflohenen Warzenbeißers merkt, ist es am besten, wenn man ein bißchen wartet. Nach einer kurzen Weile kommen die Schrecken von selbst aus ihrem Bodenversteck und fallen dann durch ihre Größe wieder ins Auge.
Die Männchen des Warzenbeißers sind ausgesprochen tagaktive Sänger, die ihr lautes und weithin vernehmbares Gezirpe vornehmlich während der Vormittagsstunden erklingen lassen. Die Stridulationslaute sind scharf und schrill, die Lautfolgen klingen wie „zß-----zß----zß---zß--zß-zß-zß-zßzß". Das Tempo der vorgetragenen Einzellaute wird von Beginn an gesteigert, die Männchen entwickeln bei Sonnenschein auch eine beachtliche Ausdauer. Ungestört können sich ihre Rufreihen über mehrere Minuten ziehen, erst dann wird eine kurze Pause eingelegt.
Die Nahrung setzt sich aus kleineren Tieren, Aas und Pflanzenteilen zusammen. Bodenleger. Näheres zur deutschen Namensgebung dieser großen Schrecke siehe S. 38. Besondere Verhaltensweisen.
Verbreitung: In der BRD, der Schweiz und Österreich weit verbreitet; stellenweise fehlend.

Gampsocleis glabra, Heideschrecke (VII–IX)
Körpergröße: Männchen und Weibchen 20–26 mm.
Färbung: Grün; Deckflügel mit vereinzelten, dunklen Flecken; Hinterschenkel oft mit dunklem Längsstreif.
Habitus: Mittelgroße, schlankere Tiere, deren Aussehen etwas an den Warzenbeißer erinnert.
Standort: Steppenartige Grasbestände und Heiden.
Art: Oberseite des Halsschildes ohne Mittelkiel; Unterseite der Vorderbrust mit zwei langen Dornen, Legeröhre der Weibchen am Ende leicht nach unten gebogen.
Lebensweise: Die Heideschrecke ist wie die Braunfleckige Beißschrecke ein Faunenelement der osteuropäisch-westasiatischen Steppengebiete, wie diese bewohnt sie lockere Grasbestände und Heiden. Zum Zirpen suchen die Männchen etwas höhere und feste Halme auf. Mit dem Kopf nach unten auf dem Halm sitzend, tragen sie ihre sirrenden bzw. schwirrenden Gesänge vor, die bis zu 3 Minuten dauern sollen. Bei Störung sollen sie vor der Flucht noch einen scharf klingenden Stör- oder Schrecklaut hervorbringen können.
Verbreitung: Nur mehr sehr lokalisierte Vorkommen in der BRD und dem östlichen Österreich; in der Schweiz fehlend. Geschützt!

(D) Nicht gefährdet (A) Gefährdet (A.3) (CH) Nicht gefährdet

▲ ♀   ▼ ♀

(D) Vom Aussterben bedroht (A.1) (A) Vom Aussterben bedroht (A.1) (CH) – **113**

Unterfamilie Tettigoniinae – Heupferde

Tettigonia viridissima, Großes Grünes Heupferd (VI–X)
Körpergröße: Männchen 28–32 mm, Weibchen 30–40 mm.
Färbung: Einheitliches Grasgrün, seltener gelbgrün bis gelblich; Bauch gelblich, Stridulationsorgan oft bräunlich gefärbt.
Habitus: Große, ausgewogen proportioniert wirkende Tiere mit langen Flügeln und einheitlicher Färbung.
Standort: Imagines auf Gebüsch und Bäumen auf vorwiegend trockenen Böden; Larven auf Wiesen.
Art: Macropter, die Flügel überragen den Hinterschenkel weit; die Bedornung der Hinterschenkelunterseite weist keine dunklen Flecke auf.
Lebensweise: Die Große Grüne Laubheuschrecke ist ein Gebüsch- und Baumbewohner, den man auch oft an den Rändern von Getreide- oder Maisfeldern findet. Nach der Ernte werden die Kulturflächen verlassen, da die große Schrecke die hohen Vegetationsschichten bevorzugt. Die jungen Larven wachsen auf Wiesen heran, die älteren Larven tendieren immer mehr zu höheren Pflanzenbeständen als Standort, die Art nimmt während der Individualentwicklung einen Standortwechsel vor. Das Große Grüne Heupferd dringt bis in die Baumkronen von Großstadtzentren vor, das Gezirpe der Männchen ist des Abends und in der Nacht unverkennbar. Die Stridulation ist sehr laut und weit vernehmbar, die Lautfolgen bestehen aus scharfen, aneinandergereihten „ß·ß·ß·ß-ß·ß·ß·ß-ß·ß·ß·ß-ßßßß"-Folgen. Die Männchen beginnen mit dem Zirpen am Nachmittag im Gebüsch, in den Nachtstunden wandern sie dann in die Baumkronen hinauf.
Das Große Grüne Heupferd klettert gut und geschickt, auch Sprung- wie Flugvermögen sind sehr gut. Bei Störung flüchtet es springend, seltener fliegend. Gelegentlich führen die Tiere – insbesondere die Weibchen – auch weitere Flüge über offenes Gelände durch, beim Flug wird ein deutliches und gut hörbares Fluggeräusch erzeugt. Das Heupferd scheint vorwiegend zu räubern, kann sich aber auch von pflanzlicher Kost ernähren. Die Eiablage erfolgt in den Boden.
Verbreitung: In der BRD, der Schweiz und in Österreich weit verbreitet.

Nicht abgebildet: Südöstliches Heupferd (*T. caudata*). Etwa in der Größe des Großen Grünen Heupferdes, die Art unterscheidet sich von *T. viridissima* durch die auf dunklen Flecken sitzende Bedornung der Hinterschenkelunterseite, der etwa cercilangen Styli; die Legeröhre der Weibchen überragt die Flügel deutlich. DDR, vereinzelt in der Schweiz und in Ostösterreich.

Tettigonia cantans, Zwitscher-Heupferd (VI–X)
Körpergröße: Männchen 22–30 mm, Weibchen 26–33 mm.
Färbung: Grasgrün bis Gelbgrün, seltener Grünbraun. Oberseite des Halsschildes öfters braunschwarz verfärbt, auch der Oberrand der Deckflügel kann bräunlich gefärbt sein.
Habitus: Wie die vorige Art, jedoch kleiner und mit deutlich kürzeren Flügeln.
Standort: Hohe, mit Gesträuch, Gebüsch und einzelnen Bäumen durchsetzte Wiesen auf feuchten Böden; Gesträuch und Gebüsch an Waldrändern, Wegraine.
Art: Flügel überragen die Hinterschenkel nur sehr wenig.
Lebensweise: Ähnlich der vorigen Art. Das Zwitscher-Heupferd besiedelt die niedrigeren Vegetationsetagen auf feuchten Böden, das Große Grüne Heupferd ist hingegen ein Tier der höheren Vegetationsschichten auf trockenen Böden. Die beiden Arten ersetzen sich, an geeigneten Stellen können sie auch gemeinsam vorkommen.
Die Stridulation ist ebenfalls laut, weit vernehmbar und klingt noch durchdringender als beim Großen Grünen Heupferd. Das Gezirpe des Zwitscher-Heupferdes hat einen unreinen, scheppernden Beiklang, der die Art auch akustisch von der vorigen unterscheidbar macht.
Verbreitung: Wie *T. viridissima*.

(D) Nicht gefährdet   (A) Nicht gefährdet   (CH) Nicht gefährdet

▲ ♀   ▼ ♀

(D) Nicht gefährdet   (A) Nicht gefährdet   (CH) Nicht gefährdet

Überfamilie Tetrigoidea – Dornschrecken

Die kleinen Dornschrecken unterscheiden sich in vielerlei Hinsicht von unseren übrigen Feldheuschrecken. Die Gruppe umfaßt in Mitteleuropa acht Arten, die mit nur wenigen Bestimmungsmerkmalen nicht näher und sicher unterschieden werden können.

Namengebend und charakteristisch für die ganze Gruppe ist das stark verlängerte und spitz ausgezogene, zumindest den Hinterleib bedeckende Halsschild. Die Deckflügel sind zu mehr oder minder kleinen, seitlich anliegenden Schüppchen verkümmert. Für die wohlausgebildeten Hinterflügel hat der verlängerte Teil des Halsschildes die Schutzfunktion der reduzierten Deckflügel übernommen, bei den gut fliegenden Arten sind sowohl Hinterflügel wie Halsschildfortsatz beträchtlich länger als der Hinterleib.

Die Dornschrecken sind recht kleine Tiere, die Körperlängen betragen bei den meisten Arten zwischen 8 und 13 mm.

Das Dornschreckenbiotop ist der – meist vegetationsarme – Boden, nur die mobileren, gut fliegenden Arten sind auch im bodennahen Vegetationsbereich anzutreffen. Die Ansprüche an das Biotop sind nicht einheitlich, das Gros der *Tetrix*-Arten hat einen Hang für feuchtere Örtlichkeiten, einzelne Arten sind wiederum eher trockenheitsliebend.

Die meisten Arten sind durch eine gewisse Kältefestigkeit ausgezeichnet, die sie auch in höhere Gebirgslagen vordringen läßt und wohl auch die Überwinterung als Larven oder Imagines ermöglicht. Etwa im Oktober – in höheren Lagen schon früher – suchen die Dornschrecken geschützte Bodenstellen als Winterquartiere auf. Die Dornschrecken sind im Frühjahr nach dem Verlassen der Winterquartiere die ersten adulten Heuschrecken, denen man begegnen kann. Die beiden in der Folge vorgestellten Vertreter zählen zu den häufigsten und verbreitetsten Arten; auf Grund der etwas schwierigeren Bestimmungssituation bei den Tetrigiden wurde auf die Angabe von Artmerkmalen verzichtet.

Tetrix subulata, Säbeldornschrecke (IV–VI / VII–X)

Das Verbreitungsgebiet der Säbeldornschrecke ist überaus groß, sie ist in fast ganz Eurasien zu finden. Ihre Temperaturansprüche scheinen in Mitteleuropa ein Vordringen in Berglagen über 1000 m zu verhindern, ihre Feuchtigkeitsansprüche lassen sie ausgesprochene Trockenbiotope meiden. Sie bevorzugt feuchtere Biotope, die gleichzeitig ihre Wärmebedürfnisse befriedigen, wie dies in weiten Bereichen von tieferen Lagen der Fall ist. Recht häufig ist sie in Verlandungszonen von Gewässern, sie kann aber genausogut in lockeren Bewaldungen oder auf Wiesen angetroffen werden. Die langen Flügel geben der Säbeldornschrecke ein ausgezeichnetes Flugvermögen, sie ist vermutlich der beste Flieger unter unseren Dornschrecken und zählt außerdem zu den wenigen Heuschreckenarten, die zu spontanen Flügen neigen. Die Flüge können eine Weite von mehreren Metern erreichen und besitzen eine eigene, kurvend-kreisende Flugcharakteristik. Bei Störung flüchten die Tiere fast immer mit Sprungflügen, durch die Weite der Flüge verliert man sie sehr leicht aus den Augen. Die Säbeldornschrecke kann auch in zuvor nicht besiedelten, eher trockenen Bereichen auftauchen, wenn diese zeitweise die günstigeren Lebensbedingungen bieten. Sie nützt ihre Mobilität zu kleinräumigen Wanderungen, um Klimaschwankungen auszuweichen und die jeweils günstigste Umgebung aufzusuchen. Die Säbeldornschrecke tritt während des Sommers nicht mit gleichbleibender Häufigkeit auf, was auf die Überwinterung und die Reproduktionsphase im Juni/Juli zurückgeht. Zahlenmäßig am häufigsten ist sie im Mai und dann wieder ab August zu finden.

Tetrix nutans, Sahlbergs Dornschrecke (III–X)

Diese Dornschrecke ist in Mitteleuropa ebenfalls weit verbreitet, sie soll im Gebirge bis in eine Höhe von 2000 m vordringen. Sahlbergs Dornschrecke bewohnt mager bewachsene, nur mit sehr niedriger Vegetation wie Moospolstern usw. versehene, steinige Plätze und ist oft auf nacktem Geröll oder Steinen herumkletternd zu finden.

D A CH Nicht gefährdet

▲ ♂   ▼ ♀

D A CH Nicht gefährdet

Überfamilie Tridactyloidea – Grabschrecken
Tridactylus pfaendleri, Pfaendlers Dreizehenschrecke
Körpergröße: Männchen und Weibchen 5–7 mm.
Färbung: Glänzend schwarz/schwarzbraun.
Habitus: Sehr kleine Tiere mit gewölbtem Halsschild, rundlichem Kopf und Grabbeinen.
Standort: Sandige oder feinerdige Uferbereiche.
Lebensweise: Diese kleinen, unauffälligen Schrecken wurden lange Zeit zu den Ensiferen gezählt, systematisch wurden sie in die Nähe der Grillen gestellt und bezeichnenderweise früher auch „Sandgrillen" genannt. Die Grabschrecken sind jedoch Caeliferen, die durch ihre Lebensweise von der Gestalt her eine gewisse Ähnlichkeit mit den grabenden Ensiferen (Maulwurfsgrille) erlangten.
Die Tierchen sind sehr feuchtigkeitsliebend und leben an den Ufern von kleineren Gewässern, wo sie ähnlich der Feldgrille Wohnröhren im Boden anlegen. Über die Biologie der Grabschrecken ist nicht allzuviel bekannt, sie sollen sich vom Algenbewuchs und ähnlichem Pflanzenmaterial ernähren, nach anderen Angaben sollen sie auch kleine Bodentiere verzehren. Die Vorderflügel sind kurze, dreieckig geformte Schüppchen, die etwas längeren Hinterflügel liegen sehr grillenähnlich, rollenartig gefaltet dem Hinterleib auf. Noch bis zur Zwischenkriegszeit sollen sie in Mitteleuropa stellenweise recht zahlreich vorgekommen sein.
Verbreitung: In der BRD fehlend; sofern die bekannten Vorkommen nicht bereits erloschen sind, sehr lokal in der Schweiz und in Ostösterreich.

Überfamilie Acridoidea – Feldheuschrecken
Familie Catantopidae – Knarrschrecken
Podisma pedestris, Gewöhnliche Gebirgsschrecke (VI–X)
Körpergröße: Männchen 17–20 mm, Weibchen 23–30 mm.
Färbung: Grundfarbe Rötlichbraun bis Braungrün, am Halsschild und den Flanken häufig mit gelber und schwarzer Fleckung bzw. Zeichnung. Männchen lebhafter und kontrastreicher gefärbt als Weibchen!
Habitus: Weibchen: Breit wirkende Tiere mit großem Kopf, nach hinten erweitertem Halsschild, dickem Hinterleib und kleinen, spitz auslaufenden Deckflügelschüppchen.
Männchen: Schlank, Deckflügel wie Weibchen.
Standort: Niedrigere, krautige Wiesen in Berglagen.
Art: Die Bestimmung der Gebirgsschrecken ist ohne Vorkenntnisse und mit nur wenigen Merkmalen ähnlich diffizil wie etwa die der Dornschrecken, man vergleiche daher vorgefundene Tiere zur Taxierung sorgfältig mit den Abbildungen und beachte die Habitus- und Färbungsbeschreibungen! Bei den Weibchen ist die Gewöhnliche Gebirgsschrecke durch die Halsschildform (siehe oben) nur schwer mit anderen Arten zu verwechseln, bei den Männchen ist eine lebhafte Färbung ein guter, aber nicht unbedingt verläßlicher Anhaltspunkt für diese Art.
Lebensweise: Alle Gebirgsschrecken stammen ursprünglich aus dem sibirischen Raum und sind Formen der Kältesteppe. Sie sind somit herkunftgemäß ausgesprochen kältefeste Feldheuschrecken, die bei uns hauptsächlich in höheren Lagen vorkommen. Die Gewöhnliche Gebirgsschrecke scheint von allen *Podismitini* den größten, tolerablen Temperaturspielraum zu besitzen. Ihre vertikale Verbreitung reicht von der subalpinen Region bis in die Tallagen herab und erstreckt sich teilweise auch ins höhere Hügelland. Als Biotop bevorzugt sie niedere, krautige Vegetationsbestände.
Verbreitung: Südliche BRD; Alpinbereich der Schweiz und Österreichs.

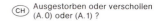

▲ ♀   ▼ ♀

(D) Stark gefährdet (A.2)   (A) Nicht gefährdet   (CH) Nicht gefährdet 119

Miramella alpina, Alpine Gebirgsschrecke (VI–IX)
Körpergröße: Männchen 16–21 mm, Weibchen 22–30 mm.
Färbung: Intensives Grün mit Seidenglanz; schwarzer Längsstreif auf der Seite von den Augen bis zum hinteren Halsschildrand. Unterseite der Hinterschenkel rötlich.
Habitus: Ähnlich der vorigen Art, jedoch schlanker und nicht so breit und dick wirkend; Deckflügelschüppchen breit-elliptisch, am Ende rund.
Standort: Feuchte Wiesen in Berglagen, die mit etwas höheren Pflanzen durchsetzt sind; auch auf niedrigerem Gebüsch oder großblättrigen Pflanzen wie z. B. Pestwurz-(*Petasites*-)Beständen.
Lebensweise: Diese Schrecke ist ein häufiges und charakteristisches Gebirgstier, ihr Hauptverbreitungsgebiet reicht von der Waldgrenze bis auf etwa 1000 m Höhe herab. In die Bereiche darüber und darunter dringt sie nur selten vor, in den tieferen Lagen kommt sie häufiger in einer länger geflügelten Spielart, der forma *collina*, vor. Die Deckflügel von *Miramella alpina* f. *collina* reichen bei den Weibchen etwa bis zur Hinterleibsmitte, bei den Männchen noch ein wenig darüber hinaus. Sie bevorzugt feuchte Örtlichkeiten und scheint einen Hang für etwas höhere, blättrige Vegetation zu haben, in Wiesen mit rein vertikaler Strukturierung ist sie seltener zu finden.
Verbreitung: Südwestlichste BRD; Alpinbereich der Schweiz und Österreichs.

Odontopodisma decipiens, Rammes Gebirgsschrecke (VI–IX)
Körpergröße: Männchen 14–17 mm, Weibchen 18–21 mm.
Färbung: Grün; schwarzer Seitenstreif auf Kopf und Halsschild (ähnlich *Miramella*); Deckflügelschüppchen meist rötlich mit dunklem (unterem) Rand. Hinterschenkel einheitlich grün, Hinterknie schwarz-rötlich; Legeklappen der Weibchen auf der Oberseite schwarz, sonst rötlich bis rotbraun.
Habitus: Schlanker *Podisma*-Habitus ähnlich *Miramella*; Deckflügelschüppchen länglich-schmal mit fast geradem Hinterrand, der Vorderrand biegt sich im runden Bogen am Ende zum Hinterrand; Weibchen mit länglichen, schlanken Legeklappen.
Standort: Höher strukturierte, mit verstreutem Gesträuch und Gebüsch versehene Waldwiesen.
Lebensweise: Rammes Gebirgsschrecke ist ein Beispiel jener Gebirgsschrecken, deren Hauptverbreitungsareale nicht im Alpinbereich, sondern in der Bergwelt Südosteuropas (Karpaten, Balkan, Dinarische Gebirge) liegen. Ihre westlichen Verbreitungszonen überschreiten gerade noch die südöstlichsten Randbereiche des heutigen, deutschen Sprachgebietes. Rammes Gebirgsschrecke ist in diesen Bereichen in niedrigeren Lagen um 500 m Höhe zu finden, sie bewohnt hier Buschwaldbiotope bzw. ähnlich gestaltete Wiesen.
Verbreitung: In der BRD und der Schweiz fehlend; sehr lokal im südlichen und östlichen Österreich.

(D) Nicht gefährdet (A) Nicht gefährdet (CH) Nicht gefährdet

▲ ♀ ▼ ♀

(D) – (A) Gefährdet (A.3) (CH) – **121**

Calliptamus italicus, Italienische Schönschrecke (VI–IX)
Körpergröße: Männchen 15–22 mm, Weibchen 25–35 mm.
Färbung: Hell- bis dunkelbraun, sehr veränderlich; oft mit hellerer, streifenartiger Zeichnung versehen, kann aber auch fehlen. Hinterschienen intensiv rot mit kräftigen, schwarzen Dornen; Hinterflügel außen glasig-durchsichtig, innen zart rot gefärbt.
Habitus: Große, wohlproportioniert wirkende Tiere mit kräftigen Sprungbeinen; die kleineren und schlankeren Männchen besitzen auffallend lange und kräftige Cerci.
Standort: Sehr trockenwarme, schwach und schütter bewachsene Örtlichkeiten.
Lebensweise: Die Italienische Schönschrecke ist einer der wärmeliebenden Bewohner von vegetationsarmen Bereichen, die meist am Boden herumlaufen und sich nur selten kletternd in der spärlichen Vegetation bewegen. Bei schönem Wetter flüchten die Männchen bei Störung fast immer mit meterweiten Sprungflügen; das Fluchtziel ist meist ein Grashorst o. ä., in dem sie sich zu verstecken trachten. Sie bewegen sich beim Klettern geschickter als die größeren und schwereren Weibchen, die bei der Flucht mehr springen als fliegen. Bei sehr schönem Wetter können allerdings auch sie etliche Meter weit fliegen. Sie klettern bedeutend ungeschickter als die Männchen und versuchen oft, laufend zwischen bzw. in eine erreichbare Deckung zu schlüpfen. Die Männchen sind durch ihre mächtig ausgebildeten Cerci unverwechselbar, die Cerci besitzen bei dieser Gattung eine Greiffunktion bei der Paarung ähnlich wie bei den Laubheuschrecken. Die Männchen nähern sich im typischen Paarungsfall ungemein langsam den Weibchen und werben mit leisen Mandibelgeräuschen (Knirschen) um die Paarungsbereitschaft der Weibchen. Die Fähigkeit, mit den Mandibeln Laute zu erzeugen, kommt auch den Weibchen und den Larven zu. Die jüngeren Larven der Italienischen Schönschrecke sind leicht an einer typischen, hell-dunklen Streifung des Halsschildes erkennbar.
Verbreitung: Im Norden der BRD fehlend, sonst wie in der Schweiz sehr zerstreut und lokal vorkommend; im pannonischen Teil Österreichs weiter verbreitet. Geschützt!

Anacridium aegyptium, Ägyptische Knarrschrecke
Körpergröße: Männchen 35–45 mm, Weibchen 50–65 mm.
Färbung: Grundfarbe Braun, von hell Ockerbraun bis dunkel Graubraun variierend; Flügel mit kleineren, dunklen Flecken, bei dunkleren Tieren auch die Brust. Hinterflügel glasig mit dunkel angerauchter Querbinde. Hinterschenkel innen verwaschen rötlich, Hinterschienen innen bläulich, mit weißen, schwarzspitzigen Dornen. Augen mit auffälliger, hell-dunkler, senkrechter Streifung.
Habitus: Sehr große und kräftige, durch die langen Flügel etwas gestreckt wirkende Tiere.
Standort: Hauptsächlich Gesträuch, aber auch höheres Gebüsch und Bäume des östlichen Mediterrangebietes.
Lebensweise: Die große und auffällige Ägyptische Knarrschrecke ist keine einheimische Schrecke, sie wird aber, ähnlich wie die Wanderheuschrecke (*Locusta migratoria*), fallweise mit Transporten aus Südosteuropa oder dem Nahen Osten bei uns eingeschleppt. Wahrscheinlich kommen so noch andere Schrecken und Insekten aus dieser Weltregion nach Mitteleuropa, und nur die größten oder lästigsten Formen fallen dem Menschen auf. Die nach Mitteleuropa verschleppten Exemplare der wärmeliebenden Ägyptischen Knarrschrecke haben bei uns im Freien keine Überlebenschancen, bestenfalls im Hochsommer könnten sie sich kurze Zeit halten. In ihrer Heimat ist diese Art ein gut fliegender Gesträuch- und Gebüschbewohner, der auch größere Distanzen fliegend überwinden kann. Der Name der großen Schrecke rührt von den knarrenden Lauten, die diese Art – besonders die Männchen – erzeugen kann.
Verbreitung: Südosteuropäisch / westasiatisch.

(D) Vom Aussterben bedroht (A.1)   (A) Nicht gefährdet   (CH) Vom Aussterben bedroht (A.1)

▲ ♀   ▼ ♀

(D) (A) (CH) B. 3 (Irrgast)   123

Familie Acrididae
Unterfamilie Oedipodinae – Ödlandschrecken

Psophus stridulus, Rotflügelige Schnarrschrecke (VII–X)
Körpergröße: Männchen 23–25 mm, Weibchen 28–38 mm.
Färbung: Grundfarbe dunkles Braungrau; Weibchen grau bis braun, seltener ockerbraun, Männchen dunkler, dunkelgrau bis fast schwarz. Deckflügel mit verstreuten, helleren Geäder-Fleckchen, Hinterflügel leuchtend zinnoberrot mit schwarzer Randbinde. Hinterschenkel und Schiene vor dem Knie jeweils mit hellem Querstreif, Innenseite der Hinterschenkel bis knapp vor die Knie tiefschwarz.
Habitus: Weibchen: Große, durch die Körperbreite dick wirkende Tiere mit weniger als hinterleibslangen Flügeln.
Männchen: Ähnlich, aber schlanker; Flügel deutlich länger als der Hinterleib.
Standort: Trockenwarme Bergwiesen und Waldlichtungen, auch günstig gelegene Heiden und kurzgehaltene, locker bewachsene Weiden.
Lebensweise: Die Rotflügelige Schnarrschrecke ist ein Bodenbewohner, der locker bewachsene Wiesen mit eingestreuten, nackten Bodenstellen in warmer Lage besiedelt. Den Weibchen ist eine relativ langsame, etwas träge Bewegungsweise eigen, die sie unbeholfen erscheinen läßt. Bei Störung flüchten sie mit kurzen, plumpen Sprüngen. Weitere Sprünge sind ihnen offensichtlich vom Körpergewicht her nicht möglich; dies dürfte sie trotz der gut ausgebildeten Flügel auch am Fliegen hindern. Im Gegensatz zu ihnen fliegen die Männchen recht gut; sie können Flugweiten bis zu 8 Metern erreichen. Ihr Flug ist sehr auffällig; sie erzeugen ein ziemlich lautes, schnarrendes Fluggeräusch, das man noch auf viele Meter hin deutlich vernehmen kann. Außerdem bilden die leuchtend roten, schwirrenden Hinterflügel einen lebhaften optischen Kontrast zum meist sehr dunklen Körper. Beide Geschlechter können auch im Sitzen Schnarrlaute hervorbringen, die Weibchen allerdings viel leiser als die Männchen. Bei kühlem Wetter oder bedecktem Himmel sollen die Männchen auch ohne Schnarren fliegen können. Die Männchen werben vor der Paarung mit einer anfangs dunkel klingenden, dann helleren, zischlautähnlichen Stridulation um die Weibchen. Die Lebensräume dieser auffälligen und leicht erkennbaren Schreckenart scheinen vom Menschen seit etwa der Jahrhundertmitte stark eingeengt worden zu sein; die Art ist von vielen früheren Fundplätzen verschwunden.
Verbreitung: Im Norden der BRD fehlend (oder ausgestorben?), im Süden verstreute Vorkommen. Sehr vereinzelt in der Schweiz; in Österreich an geeigneten Örtlichkeiten weiter verbreitet. Geschützt!

Bryodema tuberculata, Gefleckte Schnarrschrecke (VII–IX)
Körpergröße: Männchen 26–30 mm, Weibchen 30–38 mm.
Färbung: Graubraun bis Grau, auch Grünbraun, mit mehr oder minder ausgeprägter Fleckung. Hinterflügel purpurrot mit dunkler Außenbinde.
Habitus: Ähnlich der vorigen Art große, breite Tiere; Flügel allerdings auch bei den Weibchen etwa hinterleibslang.
Standort: Siehe unten.
Lebensweise: Die Gefleckte Schnarrschrecke ist ein mittlerweile schon überaus rar gewordenes Eiszeitrelikt mit boreo-alpiner Verbreitung. Im Norden bewohnt sie schütter bewachsene, teilweise bewuchsfreie Heiden und dergleichen; im Alpinbereich, wo sie wieder vorkommt, ist sie auf dürftig bewachsenen Kiesbänken und Steinfeldern von Bachbetten usw. zu finden. Die ebenfalls schnarrenden Fluggeräusche dieser Art sind nicht kontinuierlich, sondern werden von Pausen unterbrochen, die von kurzen Schwebphasen während des Fluges herrühren. Bei der Gefleckten Schnarrschrecke sind auch die Weibchen flugfähig; eine deutliche Stridulation ist von dieser Art nicht bekannt.
Verbreitung: Südliche BRD (ab dem Voralpenbereich), im Norden fraglich; sehr lokal in der Schweiz und in Westösterreich. Geschützt!

| (D) Nicht gefährdet | (A) Nicht gefährdet | (CH) Gefährdet (A. 3) |

▲ ♀ ▼ ♀

| (D) Stark gefährdet (A. 2) | (A) Vom Aussterben bedroht (A.1) | (CH) Vom Aussterben bedroht (A.1) |

Oedipoda caerulescens, Blauflügelige Ödlandschrecke (VII–IX)
Körpergröße: Männchen 16–20 mm, Weibchen 23–28 mm.
Färbung: Grundfarbe im typischen Fall Grau oder Braun; ungemein farbvariabel, siehe auch S. 58! Fein marmoriert; Hinterschenkel und Deckflügel mit zwei bis drei dunklen Querbinden, bei sehr hellen oder dunklen Tieren undeutlich (siehe Bilder 36 und 37). Hinterschienen bläulich, Hinterflügel transparent-bläulich mit dunkler Querbinde. Oberseite des Halsschildes oft mit andersfarbiger Zeichnung.
Habitus: Mittelgroße Tiere mit massiger Brust, schlankerem Hinterleib, langen Flügeln und kurzen, kräftigen Sprungbeinen (*Oedipoda*-Habitus).
Standort: Sehr dürftig bewachsene und gering strukturierte Ödland- und Kahlflächen in trockenwarmer Lage.
Lebensweise: Die wärmeliebenden Ödlandschrecken sind von all unseren Heuschrecken die Bodenbewohner schlechthin. Sie sind in ihrer ganzen Lebensweise überaus stark auf das Leben am fast nackten Boden eingerichtet. Sie bewegen sich praktisch nur laufend; ihre Kletterfähigkeiten beschränken sich auf das Überwinden von Hindernissen wie z. B. kleineren Steinen und dergleichen. Sie meiden dichter stehende Vegetation, ihr Klettern in dichteren Strukturen fällt sehr ungeschickt und unbeholfen aus. Sie sind sehr gute Flieger, die bei Sonnenschein und Störung Flugweiten um die 10 Meter erreichen können (zum eigenen Fluchtverhalten dieser Art siehe S. 36). Die Landung nach einem Fluchtflug erfolgt wiederum an entsprechenden Kahlstellen, wo sie sich durch Drücken in Bodenvertiefungen oder Anschmiegen an Steine usw. zu verstecken suchen. Die unregelmäßige Zeichnung und die Körperfärbung, die bei den meisten Tieren mit der jeweiligen Bodenfarbe fast identisch ist, tarnen die unscheinbaren Schrecken ausgezeichnet. Sie haben außerdem noch die experimentell bewiesene Neigung, sich möglichst auf einer ihrer Körperfarbe entsprechenden Unterlage aufzuhalten. Man muß bei diesen Tieren manchmal schon sehr genau den Boden mustern, um ein knapp vor einem sitzendes Exemplar zu entdecken. Zu Paarung und Eiablage siehe S. 30/34. Die Ödlandschrecken kann man auch immer wieder an relativ kleinen Kahlflecken antreffen, die rundherum von dichter bewachsenem Boden umgeben sind. Fast stets führt aber eine zumindest schmale, strukturarme Schneise, wie z. B. die Fahrrinnen von Wegen, schmale Sand- oder Schotterstreifen, von einem derartigen Kahlfleck weg. Durch solche kleinräumigen Wanderungen, die unter Umständen noch durch die jahreszeitlich bedingte Austrocknung dichterer Vegetationsbereiche im Hochsommer unterstützt wird, können die Ödlandschrecken gelegentlich ihren Lebensraum beträchtlich erweitern. Bei stabilen Biotopverhältnissen zeichnen sich die Ödlandschrecken allerdings durch eine ausgeprägte Ortstreue aus.
Verbreitung: Im Nordwesten der BRD fehlend, gegen Süden hin verstreute Vorkommen; lokal in der Schweiz; im pannonischen Teil Österreichs weiter verbreitet, sonst ebenfalls sehr lokalisiert. Geschützt!

Oedipoda germanica, Rotflügelige Ödlandschrecke (VII–IX)
Körpergröße: Männchen 18–22 mm, Weibchen 25–30 mm.
Färbung: Körperfärbung der vorigen Art überaus ähnlich; Hinterflügel hellrot mit schwarzer Binde.
Habitus: Wie vorhergehende Art.
Standort: Ähnlich vorhergehender Art, nur in sehr trockenwarmer Lage.
Lebensweise: Eng mit der vorigen Art verwandt, gleicht die Rotflügelige Ödlandschrecke dieser sehr in der Lebensweise. Sie stellt allerdings höhere Temperaturansprüche an das Biotop und ist so in Mitteleuropa nur sehr lokal verbreitet.
Verbreitung: Sehr verstreut in der südlichen BRD; stark lokalisiert in der Schweiz und in Westösterreich. Geschützt!

(D) Nicht gefährdet (A) Nicht gefährdet (CH) Gefährdet (A. 3)

▲ ♀ ▼ ♀

(D) Stark gefährdet (A. 2) (A) Vom Aussterben bedroht (A. 1) (CH) Gefährdet (A. 3)

Sphingonotus caerulans, Blauflügelige Sandschrecke (VIII–IX)
Körpergröße: Männchen 15–25 mm, Weibchen 20–28 mm.
Färbung: Braungrau bis sehr dunkel; Färbung und Körperzeichnung sehr ähnlich der von *Oedipoda*; Hinterschienen bläulich; Hinterflügel zart blau, bei einzelnen Formen auch mit dunklem Fleck oder Querbinde versehen.
Habitus: *Oedipoda*-Habitus.
Standort: Sehr trockene und warme, fast vegetationslose Sand- und Kiesböden.
Lebensweise: Aussehen und Lebensweise erinnern sehr stark an die Gattung *Oedipoda*; auch die Blauflügelige Sandschrecke ist ein typischer Bewohner von Kahlflächen und anderen nur dürftig bewachsenen Bereichen. Bei oberflächlicher Betrachtung kann man sie eventuell auch mit der vorhergehenden Gattung verwechseln; die Gattung *Sphingonotus* ist aber recht gut an dem zum Kopf hin stärker eingeschnürten Halsschild mit den drei seichten, zumindest angedeuteten Querrinnen auf der Oberseite und vor allem der fehlenden, *Oedipoda*-typischen Stufe am Oberrand des Hinterschenkels erkennbar. Die Blauflügelige Sandschrecke fliegt außerordentlich gut; zusammen mit den Strandschrecken (Gattung *Aiolopus*) zählt sie zu den besten Fliegern unter unseren einheimischen Feldheuschrecken. Die Paarung ist eine Feldheuschreckenkopula ohne besondere Eigenheiten; die eher selten hervorgebrachte Stridulation der Männchen gleicht einem leisen, schwirrenden Triller.
Verbreitung: Sehr lokal in der BRD, der Schweiz und in Ostösterreich.

Locusta migratoria, Wanderheuschrecke
Körpergröße: Männchen 35–40 mm (35–50 mm),
Weibchen 38–60 mm (45–55 mm).
Färbung: phasis solitaria: Grünbraun, auch reines Grün bis Graubraun.
phasis gregaria: hellere Brauntöne überwiegend (Ocker bis helles Graubraun).
Deckflügel unregelmäßig, manchmal nur schwach gefleckt. Oberkiefer häufig blau angelaufen.
Habitus: Sehr große, schlank wirkende Tiere mit langen Flügeln und kräftigen Sprungbeinen. Der Mittelkiel des Halsschildes ist bei der phasis solitaria (seßhafte Einzelphase) stark bogenförmig erhaben, bei der phasis gregaria (Wanderphase) ist der Mittelkiel niedrig und fast gerade verlaufend.
Standort: Siehe unten.
Lebensweise: *Locusta migratoria,* in Europa und Asien **die** Wanderheuschrecke, ist ein Bewohner von unregelmäßig und höher bewachsenen Feuchtgebieten. Noch vor wenigen Jahrzehnten konnte sich diese große Schrecke auch bei uns an günstigen Stellen halten und regelmäßig vermehren. Heute ist diese Art im deutschsprachigen Raum am Aussterben bzw. nur ein unregelmäßig auftauchender, seltener Vermehrungsgast. Ähnlich wie in Südosteuropa hat die zunehmende Landschaftskultivierung die Lebensräume dieser Art vernichtet bzw. stark reduziert. Früher drang die Wanderheuschrecke in ihrer Wanderphase häufiger bis nach Mitteleuropa vor (Allgemeines zu den Wanderheuschrecken siehe S. 48 f.); von diesen Einfällen stammen wahrscheinlich die früheren Vorkommen in unseren Gebieten. Heute sind selbständig eingeflogene Exemplare aus dem südosteuropäischen Raum sehr selten geworden; es ist eher wahrscheinlicher, daß hin und wieder auftauchende Einzeltiere, ähnlich der Ägyptischen Knarrschrecke, mit Transporten usw. verschleppt werden. Auf Grund der leichten Züchtbarkeit ist die Wanderheuschrecke des öfteren im Tierhandel als Futtertier für Reptilien zu finden.
Verbreitung: In der BRD und in Österreich praktisch nur mehr Vermehrungsgast; vielleicht noch sehr lokal mit einer Unterart in der Ostschweiz.

| D | Stark gefährdet (A. 2) | A | Vom Aussterben bedroht (A. 1) | CH | Vom Aussterben bedroht (A. 1) |

▲ ♀   ▼ ♂

| D | Gefährd. Vermehrungsgast (B. 2) | A | Gefährd. Vermehrungsgast (B. 2) | CH | Gefährd. Vermehrungsgast (B. 2) bzw. Vom Aussterben bedroht (A. 1) |

Aiolopus thalassinus, Grüne Strandschrecke (VII–IX)
Körpergröße: Männchen 16–18 mm, Weibchen 21–24 mm.
Färbung: Grundfarbe Grün, zuweilen auch Bräunlichgrün mit sehr verschiedenartiger Zeichnung; Hinterflügel durchsichtig mit leichtem, grünlichem Hauch. Hinterschienen etwa ab der Mitte rötlich mit hellen, schwarzspitzigen Dornen.
Habitus: Mittelgroße, schlanke Tiere mit langen, schmalen Flügeln und kurzen, kräftigen Sprungbeinen. Vertreter des schlanken Oedipodinen-Habitus, im Vergleich zu den vorhergehenden Oedipodinen-Arten ist die Brust weniger breit und massig.
Standort: Niedrige Wiesen und dergleichen in Gewässernähe und günstiger Wärmelage.
Art: Innenseite der Hinterschenkel mit **mehreren** schwarzen Flecken.
Lebensweise: Die Grüne Strandschrecke ist eine wärme- **und** feuchtigkeitsliebende *Oedipodinae,* die an günstig gelegenen Uferbereichen von Flüssen und Seen vorkommt. Man kann sie sowohl zwischen locker stehender Strandvegetation als auch auf dichteren Uferwiesen finden. Die Art ist merklich horizontal orientiert und bevorzugt bei lockerer Vegetation den Boden, bei dichteren – insbesondere etwas niedergedrückten – Wiesen den oberen Vegetationshorizont als Aufenthaltsort. Die sehr bewegungsfreudige und lebhafte Schrecke läuft auf dichteren Vegetationsstrukturen wie auf dem Boden herum; in senkrechter Richtung sind ihre Kletterfähigkeiten hingegen weniger gut, aber immer noch bedeutend besser als die der vorhergehenden, heimischen *Oedipodinae.* Die Grüne Strandschrecke ist ein ausgezeichneter Flieger, Einzelflüge können die Tiere bis zu 18 m weit führen. Bei den Strandschrecken treten auch immer wieder spontane Flüge, also ohne erkennbaren äußeren Anlaß wie z. B. einer Störung, auf. In der Regel fliegen die Tiere dabei allerdings nicht allzuweit, meist bloß wenige Meter. Gestört flüchtet die Grüne Strandschrecke – außer bei kühlem Wetter – fast immer per Abflug. Recht eigenartig ist bei dieser Art, wie sie den Flug beendet. Während sich beim Flug von anderen Heuschrecken die Landung oft mit einer geringer werdenden Flughöhe ankündigt, ist bei dieser Art nichts davon zu bemerken. Die Strandschrecken beenden vollkommen überraschend ihren Flug mit einem jähen Haken und einer Sturzlandung; nicht selten überschlagen sich die Tiere dabei, sofern das Landemanöver nicht auf bremsender Vegetation erfolgt. Obwohl viele *Oedipodinae* zu ähnlichen Hakenlandungen neigen (besonders die Männchen von *Oedipoda, Psophus* und *Sphingonotus*), geschieht dies bei kaum einer anderen Art so abrupt und plötzlich wie bei den Strandschrecken.
Verbreitung: Sehr verstreut und lokal in der BRD und der Schweiz; in Ostösterreich etwas weiter verbreitet.

Aiolopus strepens, Braune Strandschrecke (V?–IX)
Körpergröße: Männchen 18–20 mm, Weibchen 22–28 mm.
Färbung: Grundfarbe helles Braun, auch rötlich oder grünlich angehaucht;
Habitus: Wie *A. thalassinus*
Standort: Trockene, aufgelockerte oder fleckenhafte Wiesen o. ä. in sehr warmer Lage.
Art: Hinterschenkel etwas breiter als bei *A. thalassinus* und mit nur **einem** schwarzen Fleck an der Basis der Innenseite.
Lebensweise: Die Braune Strandschrecke ist die südeuropäische Schwesterart unserer Grünen Strandschrecke, ihr Hauptverbreitungsgebiet ist der Mittelmeerraum. Als mediterrane Art stellt sie höhere Wärmeansprüche an das Biotop, die nur an sehr wenigen Orten im südlichsten deutschen Sprachbereich erfüllt werden. Die Braune Strandschrecke erreicht mit wenigen, streng lokalisierten Vorkommen in Ostösterreich, Südtirol bzw. der angrenzenden Schweiz ihre nördliche Verbreitungsgrenze. Sie bewohnt hier, im Gegensatz zur vorhergehenden Art, sehr trockenwarme Biotope. Für die genannten Bereiche muß die Gefährdungssituation dieser Art wie in Ostösterreich (Vom Aussterben bedroht, A. 1) eingeschätzt werden.

(D) Vom Aussterben bedroht (A.1) (A) Gefährdet (A.3) (CH) Vom Aussterben bedroht (A.1)

▲ ♀   ▼ ♀

(D) –   (A) Vom Aussterben bedroht (A. 1)   (CH) ?

Mecosthetus grossus, Sumpfschrecke (VII/VIII–IX)
Körpergröße: Männchen 16–23 mm, Weibchen 26–35 mm.
Färbung: Sehr konstant olivgrün, nur selten mit bräunlichen Zeichnungen. Dunkler Seitenstreif auf Kopf und Halsschild, der hinter den Augen breit beginnt; Seitenkiel des Halsschildes häufig mit schmalem, hellgrünem oder gelblichgrünem Strich. Vorderteil der Deckflügel mit dunklem Geäder, diese ansonsten wie die Hinterflügel glasig-durchsichtig; Unterkante der Hinterschenkel rötlich angehaucht, Hinterknie schwarz, Hinterschienen schwarz bedornt.
Habitus: Mittelgroße, kräftige Tiere mit langen Flügeln und kräftigen Sprungbeinen.
Standort: Binsenbestände und dergleichen auf feucht-nassen Böden im engeren Uferbereich von Gewässern, aber ohne höhere Vegetationsstrukturen wie z. B. Schilf. Dicht bewachsene Bachgräben, Teichufer usw.
Lebensweise: Die Sumpfschrecke ist hinsichtlich der Feuchtigkeit ihres Biotops sehr stenök; fast stets ist sie in unmittelbarer Wassernähe – und sei es nur ein kleiner Bach – zu finden. Ähnlich der Grünen Strandschrecke bevorzugt sie den oberen Vegetationshorizont zum Aufenthalt, das Flugvermögen ist ebenfalls sehr gut. Die Wärmeansprüche sind vergleichsweise geringer, die Sumpfschrecke dringt auch in kühlere bzw. höhere Lagen vor. Die Stridulation der Männchen ist laut und auf viele Meter hin hörbar; sie besteht aus scharf klingenden, schnell ertönenden „zck-zck-zck"-Lauten, die in unregelmäßiger Folge vorgetragen werden („Schienenschleuderzick").
Verbreitung: In der BRD, der Schweiz und in Österreich weiter verbreitet.

Parapleurus alliaceus, Lauchschrecke (VI–IX)
Körpergröße: Männchen 18–20 mm, Weibchen 25–30 mm.
Färbung: Helles Grasgrün; schwarzer Seitenstreif am Halsschild, am Kopf und an den vorderen Deckflügelteilen schmal auslaufend. Hinterschienen mit schwarzspitzigen Dornen.
Habitus: Ähnlich der Sumpfschrecke.
Standort: Ebenso.
Lebensweise: Die Lauchschrecke ist ebenfalls ein Bewohner von Feuchtbiotopen, stellt aber höhere Wärmeansprüche als die Sumpfschrecke. In tieferen Lagen sind beide Arten manchmal gemeinsam anzutreffen; höhere oder kühlere Bereiche sagen der Lauchschrecke aber nicht so zu wie der Sumpfschrecke, sie fehlt dort. Die Männchen der Lauchschrecke sollen nur bei Kontakt mit Artgenossen kurz und leise stridulieren.
Verbreitung: In der südlichen BRD, der Schweiz und in Österreich sehr lokal vorkommend.

(D) Gefährdet (A.3)   (A) Nicht gefährdet   (CH) Gefährdet (A.3)

▲ ♀   ▼ ♂

(D) Nicht gefährdet (?)   (A) Gefährdet (A.3)   (CH) Gefährdet (A.3)?   133

Epacromius caerulipes pannonicus, Neusiedler Strandschrecke (VII–IX)
Körpergröße: Männchen 13–15 mm, Weibchen 18–22 mm.
Färbung: Grau bis Graubraun, Körper fein marmoriert; Deckflügel und Hinterschenkel dunkel gefleckt, aber ohne durchgehende Querbinden. Deckflügel teilweise durchsichtig, Hinterflügel glasig.
Habitus: *Oedipoda*-ähnlich.
Standort: Siehe unten.
Lebensweise: Die Strandschrecken der südeuropäischen Gattung *Epacromius* sind bei uns mit zwei Formen vertreten: der Mitteleuropäischen Strandschrecke (*Epacromius tergestinus ponticus*) mit sehr langen Flügeln; diese Form kommt nur an sehr wenigen Plätzen im südlichen BRD, der Schweiz und Westösterreichs vor. Die zweite Form, die Neusiedler Strandschrecke, ist auf den Salzlackenbereich an der Ostseite des Neusiedler Sees, den Seewinkel, beschränkt. Sie bewohnt hier die vegetationsarmen, oberflächlich aufgetrockneten, feuchtwarmen Bereiche in der weiteren Umgebung der Salzlacken bzw. des östlichen Seeufers. Ähnliches gilt für die Mitteleuropäische Strandschrecke, die ebenfalls sehr warme, bodenfeuchte Plätze besiedelt. Beide Formen sehen auf den ersten Blick wie etwas kleingeratene oder geschrumpfte Ödlandschrecken aus und besitzen auch eine sehr ähnliche Bewegungsweise. Beide *Epacromius*-Formen sind im deutschsprachigen Raum vom Aussterben bedroht (A. 1).

Unterfamilie Acridinae – Grashüpfer

Acrida ungarica, Turmschrecke (VII–IX)
Körpergröße: Männchen 33–36 mm, Weibchen 50–55 mm.
Färbung: Fast einfarbig grasgrün bis bräunlichgrün, ohne besondere Zeichnungen.
Habitus: Auffällig gestreckte Tiere mit stark verlängertem Kopf, schwertförmigen Fühlern sowie sehr langen und schmalen Flügeln und Sprungbeinen.
Standort: Steppenvegetation.
Lebensweise: Die etwas exotisch aussehende Turmschrecke ist ein südosteuropäisches Faunenelement, dessen einziges Vorkommen in Ostösterreich (Seewinkel des Neusiedler Sees) heute wohl an der Kippe zum Aussterben steht. Der Steppenbewohner erreicht hier den westlichen Rand seines Verbreitungsgebietes und reagiert auf Veränderungen sehr empfindlich; schon geringfügige Eingriffe in seinen Lebensraum bringen ihn zum Verschwinden. Das Aussterben der eigenartigen Schrecke dürfte wohl nur mehr eine Frage der Zeit sein. Trotz ihrer Größe sind die seltsamen Schrecken nicht leicht zu entdecken; Körperform und Färbung bilden zwischen den Stengeln eine hervorragende Tarnung. Die Turmschrecken klettern recht geschickt im senkrecht strukturierten Biotop, die langen, dünnen Hinterbeine werden von den Tieren oft zum Heranholen von etwas entfernteren Halmen eingesetzt. Das Sprungvermögen reicht für nicht allzuweite, etwas ungerichtet wirkende Sprünge, die aber zusammen mit der Tarngestalt und den Biotopstrukturen vollkommen ausreichen, die Tiere möglichen Feinden zu entziehen.
Es muß korrekterweise bemerkt werden, daß das abgebildete Weibchen einen Vertreter der südöstlicheren Unterart, *Acrida ungarica mediterranea,* darstellt.

D A CH Vom Aussterben bedroht (A.1)

▲ ♀ ▼ ♀

Nur A Vom Aussterben bedroht 135

Chrysochraon dispar, Große Goldschrecke (VI–IX)
Körpergröße: Männchen 15–17 mm, Weibchen 20–24 mm.
Färbung: Zumeist hellgrau, auch grün oder gelblich-golden, Männchen fast immer grün; stets mit feinem Glanz.
Habitus: Schlanke Tiere mit typischem Acridinen-Kopf (geneigte Stirn) und gleichmäßig geformten, allmählich verjüngten Hinterschenkeln (Grashüpfer-Habitus).
Standort: Nicht zu trockene, hohe und dichte Wiesen.
Lebensweise: Die Weibchen der Großen Goldschrecke zählen zu den am leichtesten erkennbaren Heuschrecken; ihre länglichen, jäh verschmälerten Deckflügelschüppchen machen sie unverkennbar. Bei den Männchen muß man etwas genauer hinsehen, da sie in ihrem Aussehen stark den Männchen der folgenden Art, der Kleinen Goldschrecke, ähneln. Die Männchen der Großen Goldschrecke besitzen fast hinterleibslange Flügel, deren Enden gleichmäßig verrundet sind. Siehe auch Bestimmungsübersicht und folgende Art! Als Biotop bevorzugt die Große Goldschrecke dichte Wiesen auf leicht feuchten Böden mit eingestreuten höheren, krautigen Pflanzen. In trockenere Grasbestände, auch wenn sie sehr dicht sind, dringt die Große Goldschrecke nur selten ein. Die Goldschrecken sind ausgezeichnete Kletterer, die sich rasch und sicher im Dickicht der Halme bewegen; zudem können sie aus fast jeder Lage von den Stengeln abspringen. Die Flucht erfolgt, je nach Art der Störung, kletternd oder springend, im dichtstrukturierten Goldschreckenbiotop sind die Tiere sehr rasch auf Nimmerwiedersehen verschwunden. Die Stridulation der Männchen ist mit Lauten schwer wiederzugeben; sie hat einen eigenartigen schabend-kratzenden Klang.
Die Weibchen der Großen Goldschrecke zählen zu den wenigen Pflanzenlegern, die ihre Eier in dickeren, markreichen Stengeln deponieren (siehe auch S. 34). Es ist in diesem Zusammenhang unklar, ob das erwähnte Meiden von trockenen Grasbeständen auf dem Fehlen geeigneter Eiablagemöglichkeiten in solchen Bereichen oder auf einem entsprechenden Feuchtigkeitsbedürfnis der Art beruht.
Verbreitung: Im Norden der BRD seltener, gegen Süden hin, so wie in nicht allzu hohen Lagen der Schweiz und Österreichs, zwar verstreut, aber weiter verbreitet.

Euthystira brachyptera, Kleine Goldschrecke (VI–VIII)
Körpergröße: Männchen 12–15 mm, Weibchen 18–23 mm.
Färbung: Intensives Hellgrün mit seidigem Glanz; dunkelgrüner Seitenstreif auf Kopf und Halsschild, vor den Augen beginnend, am Hinterleib verwaschen. Weibchen oft mit brennendroten oder zumindest rötlich getönten Deckflügelschuppen und Hinterschenkelunterseiten.
Habitus: Grashüpfer-Habitus.
Standort: Dichte bis lockere Wiesen, aber auch kleine Grasflecken an Waldrändern und dergleichen.
Lebensweise: Ähnlich der vorigen Art sind auch bei der Kleinen Goldschrecke die Weibchen leichter zu erkennen als die Männchen. Die Männchen dieser Art besitzen Flügel, die knapp über die Hinterleibsmitte reichen und an den Enden rundlich eingebuchtet sind.
In der Bewegungsweise gleicht diese Art der vorigen. Hinsichtlich der Biotopansprüche gibt es nicht viel zu sagen; die Kleine Goldschrecke ist ein ausgesprochenes Allerweltstier, das auf jeder besseren Wiese zu finden ist. Am häufigsten kommt sie in hohen Grasbeständen vor, kann aber genausogut auf Waldlichtungen, Feuchtwiesen oder Heiden angetroffen werden. Die Stridulation der Männchen ist ein leises Schwirren. Die Weibchen sind ebenfalls Pflanzenleger bzw. Kokonleger, die ihre Eipakete an Blätter oder zwischen Halme heften.
Verbreitung: Im Norden der BRD fehlend, im Süden verstreut; in der Schweiz und in Österreich weit verbreitet.

| D Nicht gefährdet | A Gefährdet (A.3) | CH Gefährdet (A.3) |

▲ ♀ ▼ ♀

| D Nicht gefährdet | A Nicht gefährdet | CH Nicht gefährdet |

Stenobothrus lineatus, Panzers Grashüpfer (VII–IX)
Körpergröße: Männchen 16–18 mm, Weibchen 21–25 mm.
Färbung: Grundfarbe Grasgrün bis Grünbraun; unterschiedliche, wechselhafte Körperzeichnungen.
Habitus: Grashüpfer-Habitus.
Standort: Lichte, trockene und kurzgrasige Wiesen, Heiden und dergleichen, Waldränder.
Lebensweise: Im deutschen Sprachraum sind die Grashüpfer der Gattungen *Stenobothrus* mit sieben Arten vertreten, die mit wenigen Merkmalen relativ schwer unterscheidbar sind. Von den sieben Arten sind drei auf den ostösterreichischen Raum beschränkt. Dies sind: *St. fischeri* (Fischers Grashüpfer, A. 0), *St. eurasius* (Zubowskys Grashüpfer, A. 1) und *St. crassipes* (Dicker Grashüpfer, A. 2). Eine Art, *St. rubicundulus* (Germars Grashüpfer, A: A. 2; CH: A. 2), kommt nur im alpinen Raum Österreichs und der Schweiz vor. Die hier vorgestellte Art, Panzers Grashüpfer, ist die wohl häufigste und weitverbreitetste *Stenobothrus*-Art und der Inbegriff dessen, was man so landläufig unter einem „Grashüpfer" versteht: geschickte Kletterer im Gras mit beachtlichem Sprungvermögen, bei Sonnenschein heftig zirpend. Was das heftige Gezirpe betrifft, so stimmt dies bei dieser Art wohl für die Stridulationstätigkeit, nicht aber in bezug auf Lautstärke. Die Männchen von Panzers Grashüpfer haben einen recht charakteristischen, aber eher leisen Gesang, der die Art auf kürzere Entfernung hin akustisch erkennbar macht. Die Stridulation ist ein feines, wisperndes Sirren, dessen auf- und absteigende Tonfolgen etwa wie „swiswiswiswiswiswiswi" klingen. Die Urheber des zarten Sirrens sind gewöhnlich nicht leicht auszumachen, denn trotz immer wieder eingelegter Pausen erschweren die schwingenden Laute ein rasches Orten der stridulierenden Männchen. Der Gesang ist aber für die Art so typisch, daß man ihn auch aus einem nicht allzu lauten Heuschreckenkonzert heraushört, sofern man ihn einmal bewußt wahrgenommen hat.
Eine etwas seltsame Bewegungsform teilt Panzers Grashüpfer nicht nur mit den anderen Arten der Gattung *Stenobothrus,* sondern mit vielen pflanzenbewohnenden Caeliferen. Dies ist die Reaktion nach dem Sprung bzw. Flug. Nach dem Fluchtsprung richten sich die Tiere am Halm senkrecht aus und hanteln sich verkehrt – mit dem Kopf nach oben – am Halm in Richtung Boden hinab. Diese Reaktion ist praktisch für alle Grashüpfer typisch, die in dicht strukturierteren Biotopen leben. Mit minimalem Bewegungsaufwand können sie sich so sehr rasch vor Feinden verbergen.
Verbreitung: Im Norden der BRD fehlend bis selten, im Süden der BRD sowie in der Schweiz und in Österreich weit verbreitet.

Stenobothrus nigromaculatus, Schwarzfleckiger Grashüpfer (VII–IX / X)
Körpergröße: Männchen 15–18 mm, Weibchen 18–24 mm.
Färbung: Grün bis ockerbräunlich; variable Körperzeichnungen.
Habitus: Grashüpfer-Habitus.
Standort: Niedrige, sehr lichte und aufgelockerte Heiden usw. in trockenwarmer Lage.
Lebensweise: Der Schwarzfleckige Grashüpfer, von der vorhergehenden Art durch die schmäleren und kürzeren Flügel unterscheidbar, zeigt als Bewohner von dünner strukturierten Vegetationsbereichen die Neigung, sich öfters am Boden aufzuhalten. Bei Störung zieht er sich nach dem Fluchtsprung vor, am Boden dahinlaufend ein geeignetes Versteck zu erreichen. Die Stridulation der Männchen ist schwer wiederzugeben; die mehrere Male wiederholten Tonfolgen haben einen scharf klingenden, anschwellenden Klang.
Verbreitung: Lokale Vorkommen in der südlichen BRD, der Schweiz und in Österreich.

(D) Nicht gefährdet   (A) Nicht gefährdet   (CH) Nicht gefährdet

▲ ♂

▼ ♀

(D) Stark gefährdet (A.2)   (A) Gefährdet (A.3)   (CH) Vom Aussterben bedroht (A.1)

Omocestus haemorrhoidalis, Rotleibiger Grashüpfer (VII–IX)
Körpergröße: Männchen 10–13 mm, Weibchen 16–18 mm.
Färbung: Braungrau, mitunter auch grünlichbraun.
Habitus: Grashüpfer-Habitus.
Standort: Sehr niedrige und stark aufgelockerte Heiden, Steppenheidewald.
Lebensweise: Der Rotleibige Grashüpfer ist eine von den vier bei uns vorkommenden *Omocestus*-Arten. Die Art ist sowohl ein guter Kletterer wie gewandter Läufer und hält sich auf Pflanzen wie am Boden gleichermaßen auf. Der Rotleibige Grashüpfer ist ein unscheinbares, kleines Tier, das auch durch seinen Gesang nicht sonderlich auffällt. Die Stridulation besteht aus leisen, unregelmäßig hervorgebrachten „z-z-z"-Lauten von wenigen Sekunden Dauer.
Verbreitung: In der BRD und Ostösterreich zwar immer lokal auftretend, aber weiter verbreitet. In Westösterreich und der Schweiz sehr verstreut.

Euchorthippus declivus, Dickkopf-Grashüpfer (VII–IX)
Körpergröße: Männchen 13–15 mm, Weibchen 17–20 mm.
Färbung: Hellbraun bis gräulichgelb, mitunter etwas grünlich angehaucht.
Habitus: Grashüpfer-Habitus; auffallend großer Kopf.
Standort: Trockenwarme, schüttere Steppenvegetation.
Lebensweise: Der Dickkopf-Grashüpfer kommt wie seine Schwesterart, der Gelbliche Grashüpfer (*Euch. pulvinatus*), nur im östlichen Österreich vor. Die kleinen, großköpfigen Grashüpfer erreichen im Seewinkelgebiet bzw. an einigen sehr günstig gelegenen Stellen Niederösterreichs ihre westliche Verbreitungsgrenze; die Dickkopf-Grashüpfer sind eine süd- bzw. südosteuropäische Form. Die Art scheint erst in diesem Jahrhundert in die genannten Bereiche vom Osten her (Ungarn) vorgedrungen zu sein. Im Seewinkelbereich bewohnen die Imagines die im Hochsommer stark austrocknenden, dürren und schütteren Wiesen in der Nähe der seichten Lacken. Die jahreszeitlich bedingten Feuchtigkeitsveränderungen scheinen den Ansprüchen der recht standortstreuen Tierchen entgegenzukommen. Im Frühjahr bzw. im Frühsommer, also während der Larvalentwicklung, sind diese Bereiche feuchter und dichter bewachsen, was etwa den Biotopansprüchen der Larven entspricht. Später trocknen diese Bereiche aus, die Vegetation verdorrt und wird dünner und lichter, die Austrocknung schafft genau das richtige Biotop für die erwachsenen Tiere.

(D) Nicht gefährdet　　(A) Nicht gefährdet　　(CH) Gefährdet (A.3)

▲ ♀　　　　　　　　　　　　　　　　　　　▼ ♂

Nur (A) Gefährdet (A.3)

Gattung Chorthippus, Grashüpfer (im engeren Sinn)

Die Gattung Chorthippus ist mit 14 bei uns vorkommenden, zum Teil schwer unterscheidbaren Arten die zahlenmäßig größte einheimische Heuschreckengruppe. Einige Arten sind überaus weit verbreitet und kommen fast überall vor. Diese Chorthippus-Arten sind zudem noch sehr häufig. Sie können mit so hohen Individuenzahlen auftreten, daß eine einzige Art mehr als 50% des gesamten Heuschreckenbestandes einer Wiese ausmachen kann. Zusammen mit der Gattung Stenobothrus sind diese Grashüpfer das Musterbild vegetationsbewohnender Caeliferen mit all deren Eigenheiten hinsichtlich Fortbewegung, Lauterzeugung und Fortpflanzung (siehe auch Allgemeiner Teil). Sowohl Färbung als auch Körperzeichnung sind außerordentlich variabel. In dieser Richtung sind – auch im Vergleich mit den ebenfalls sehr farbvariablen Ödlandschrecken, z.B. der Gattung Oedipoda – nur sehr grobe Hinweise möglich. Während bei den Ödlandschrecken trotz aller Farbvariabilität die Grundzeichnung (z.B. Binden usw.) noch irgendwie erkennbar bleibt, gilt ähnliches für unsere Grashüpfer nur sehr bedingt. Bei ihnen ist auch die Körperzeichnung von Individuum zu Individuum einer großen Variabilität unterworfen. Nur äußerst wenige Farb- oder Zeichnungseinzelheiten lassen bei den Grashüpfern eine gewisse Konstanz innerhalb der Art erkennen.

Auf nähere Angaben zur Bestimmung wurde bei dieser Gattung verzichtet, da hierzu teilweise die genauere Begutachtung etwa des Stridulationsapparates (Zahl der Schrillzäpfchen), der Flügeläderung und der Kopulationsorgane notwendig wäre.

Chorthippus dorsatus, Wiesengrashüpfer (VII–IX)
Körpergröße: Männchen 14–18 mm, Weibchen 19–25 mm.
Färbung: Häufigste Färbung: Grasgrün; von Gelblichgrün bis Schwarzbraun reichend.
Habitus: Grashüpfer-Habitus.
Standort: Wiesen.
Lebensweise: Der Wiesengrashüpfer ist eine der sehr häufigen Chorthippus-Arten und fast überall zu finden. Er ist ein typischer Wiesenbewohner, der auch sehr feuchte oder extrem trockene Vegetationsbereiche nicht meidet. Bei dieser Art besitzen auch die Weibchen etwa hinterleibslange Flügel; Stridulation der Männchen ist ein heiser klingendes Schaben, das mit einem kurzen Zischen beendet wird. Die einzelnen Lautfolgen dauern nur kurz (ungefähr 1 bis 2,5 Sekunden) und werden in lockerer, unregelmäßiger Folge vorgetragen.
Verbreitung: In der BRD, der Schweiz und in Österreich weit verbreitet; stellenweise selten bis fehlend, geht auch in höhere Lagen (bis ca. 1700 m).

Chorthippus parallelus, Gemeiner Grashüpfer (VII–X)
Körpergröße: Männchen 13–15 mm, Weibchen 18–22 mm.
Färbung: Häufigste Färbung: Grünbraun; von Graubraun bis Gelbgrünlich reichend. Manchmal bunt gezeichnet (rötlich, gelblich).
Habitus: Grashüpfer-Habitus.
Lebensweise: Ähnlich der vorigen Art sehr häufig und weit verbreitet (Wiesen). Die Weibchen des Gemeinen Grashüpfers besitzen nur kurze, nach hinten zugespitzte Flügel, die die Hinterleibsmitte nicht erreichen. Die Stridulation der Männchen ist ein rauh klingendes, unterbrochenes Schaben ohne besondere Schlußlaute.
Das abgebildete Männchen ist gerade im Begriff, einen Fühler mit Hilfe des Vorderbeines zu reinigen. Es hat den linken Fühler kurz vor der Aufnahme mit dem Bein auf den Halm gedrückt und streift ihn so durch eine nach oben ziehende Kopfbewegung zwischen Halm und Bein ab.
Verbreitung: Ähnlich voriger Art; allerdings etwas kältebeständiger, dringt im Gebirge noch höher vor (bis knapp über 2000 m).

(D) Nicht gefährdet (A) Nicht gefährdet (CH) Nicht gefährdet

▲ ♀

▼ ♂

(D) Nicht gefährdet (A) Nicht gefährdet (CH) Nicht gefährdet

Chorthippus mollis, Verkannter Grashüpfer (VII–X)
Körpergröße: Männchen 13–15 mm, Weibchen 17–20 mm.
Färbung: Braungrau; sehr variabel.
Habitus: Grashüpfer-Habitus.
Standort: Trockenwarme, ein bißchen schüttere Grasbestände, oft auf sandigen Böden wie z. B. in der Nähe von Flußläufen.
Lebensweise: Der Verkannte Grashüpfer ist eine weniger häufige *Chorthippus*-Art, die oben beschriebene Biotope bevorzugt. Die Stridulation der Männchen ist ein leise beginnendes Schnurren, das allmählich zu einem höher klingenden Schwirren ansteigt und in ähnlich klingender Weise wieder beendet wird. Der Beginn der Lautfolgen ist ein bißchen abgehackt oder stoßend, der Gesang verschmilzt dann zu einem einheitlichen Lautbild, das zum Ende hin abfallend, aber gleichmäßig ausrollt.
Verbreitung: In der BRD, der Schweiz und dem alpinen Teil Österreichs nur lokal vorkommend, im pannonischen Teil Österreichs weiter verbreitet.

Chorthippus albomarginatus, De Geers Grashüpfer (VII–X)
Körpergröße: Männchen 13–15 mm, Weibchen 18–20 mm.
Färbung: Grundfarbe: Helles Bräunlichgrün.
Habitus: Grashüpfer-Habitus.
Standort: Feuchtwiesen.
Lebensweise: De Geers Grashüpfer ist in bezug auf die Biotopfeuchtigkeit das Gegenbeispiel zur vorigen, trockenheitsliebenden *Chorthippus*-Art. Diese Art fühlt sich offensichtlich in üppigen, feuchten Vegetationsbeständen am wohlsten.
Beide Geschlechter besitzen etwa hinterleibslange Flügel; die Stridulation der Männchen ist ein jäh beginnendes, gleichmäßig klingendes Schnurren von sehr kurzer Dauer, das genauso plötzlich wieder beendet wird. Die kurzen, etwa wie „drrrrd" klingenden Lautfolgen werden in regelmäßigen, etwas längeren Abständen wiederholt.
Verbreitung: In der ganzen BRD verstreute Vorkommen, aber gebietsweise fehlend; in der Schweiz fehlend, in Ostösterreich lokal vorkommend.

(D) Nicht gefährdet (A) Nicht gefährdet (CH) Nicht gefährdet

▲ ♀ ▼ ♀

(D) Nicht gefährdet (A) Gefährdet (A.3) (CH) – **145**

Gomphocerus rufus, Rote Keulenschrecke (VII–X)
Körpergröße: Männchen 14–17 mm, Weibchen 18–24 mm.
Färbung: Braun bis Braungrau mit rötlichem Stich; Hinterschienen orangerötlich.
Habitus: Grashüpfer-Habitus.
Standort: Hohe, dichte Vegetation; Waldränder usw.
Art: Deutlich verdickte bzw. verbreiterte Fühlerenden mit heller Spitze.
Lebensweise: Die Roten Keulenschrecken bewohnen hohe, dichte Grasbestände, die mit Krautwerk und niederem Gebüsch eine innig verfilzte Pflanzendecke bilden. Sie bewegen sich im solcherart reich strukturierten Raum überaus geschickt und flink, sie sind überhaupt recht lebhafte und bewegungsfreudige Tierchen. Sie sind eher scheu und reagieren auf Störungen sehr frühzeitig. Die Rote Keulenschrecke ist nicht leicht zu fangen, da in ihrem Biotop ein einziger Sprung gewöhnlich fürs Verschwinden reicht. Die Art besitzt ein sehr ausgeprägtes Balz- bzw. Paarungsverhalten (siehe S. 30). Der gewöhnliche Gesang der Männchen ist ein wiederholt vorgetragenes, leises und etwas wispernd klingendes Zischen mit gerade noch hörbarer Modulation, gelegentlich kann es auch fast gleichmäßig klingen. Die Art ist relativ kältefest – in tieferen Lagen kann man die Männchen noch durchaus im Oktober zirpen hören. Sie dringt auch im Gebirge bis etwa 2000 m Höhe vor.
Verbreitung: Im Nordwesten der BRD anscheinend fehlend, sonst wie in der Schweiz und in Österreich weiter verbreitet.

Aeropus sibiricus, Sibirische Keulenschrecke (VII–IX)
Körpergröße: Männchen 18–20 mm, Weibchen 20–23 mm.
Färbung: Bräunlichgrün bis braun.
Habitus: Grashüpfer-Habitus.
Standort: Niedrige Vegetation in höherer Lage (900 m bis ca. 2500 m).
Art: Verdickte Fühlerenden. Vorderer Teil des Halsschildes bucklig gewölbt, besonders bei den Männchen, bei den Weibchen weniger stark ausgeprägt. Typisch bei den Männchen: blasig aufgetriebene Vorderschienen.
Lebensweise: Die Sibirische Keulenschrecke ist eines der erwähnten typischen Eiszeitrelikte, die bei uns nur in Berglagen vorkommen. Sie bewohnt kurzgrasige Wiesen oder Matten, die mit etwas Gestrüch bewachsen sind. Die Stridulation besteht aus schnell aufeinanderfolgenden Lauten von schabend-kratzendem Klang; die Lautfolgen werden etwa 5 bis 15 Sekunden lang vorgetragen.
Verbreitung: Lokal in der südlichsten BRD; in den alpinen Bereichen der Schweiz und Österreichs weiter verbreitet.

(D) Nicht gefährdet   (A) Nicht gefährdet   (CH) Nicht gefährdet

▲ ♂   ▼ ♂

(D) Gefährdet (A.3)   (A) Nicht gefährdet   (CH) Alpenbereich: Nicht gefährdet
Voralpenber.: Vom Aussterb. bedroht (A.1)

Myrmeleotettix maculatus, Gefleckte Keulenschrecke (VI–IX)
Körpergröße: Männchen 12–13 mm, Weibchen 14–16 mm.
Färbung: Grau bis braun, gelegentlich auch grünlich gezeichnet; feine Sprenkelung bzw. Marmorierung, Deckflügel mit kleinen, hellen Geäder-Fleckchen auf der hinteren Flügelhälfte.
Habitus: Grashüpfer-Habitus.
Standort: Spärlich und sehr dürftig bewachsene Bodenbereiche in sehr trockenwarmer Lage; schüttere Heiden, sehr karge, gelichtete Wiesen mit eingestreuten, kahlen Bodenflecken.
Art: Vorderrand der Deckflügel gerade, ohne Ausbuchtung; Fühlerenden beim Männchen deutlich verdickt, diese etwa halb so lang wie der Körper. Fühlerenden beim Weibchen nur schwach, aber noch erkennbar verdickt, Fühler etwa so lang wie Kopf und Halsschild zusammen.
Lebensweise: Die kleinen Gefleckten Keulenschrecken sind ausgesprochene Bodenbewohner, die fast unbewachsenes Gelände lieben und oft gemeinsam mit der Blauflügeligen Ödlandschrecke vorkommen. Sie bleiben vorwiegend am Boden und klettern fast nie auf Pflanzen. Die kleinen Schrekken laufen recht hurtig am Boden herum; bei Störung flüchten sie meist laufend, nur ab und zu mit einem kurzen Sprung einen Haken einlegend. Die Tierchen entwickeln dabei ein erstaunliches Tempo, sie wieseln förmlich am Boden dahin. Ungestört laufen sie ruckartig oder schubweise, d. h., sie laufen etwa 10 bis 20 cm am Boden dahin, halten kurz inne und laufen wieder weiter. Neben einer ausgeprägten Trockenheitsliebe hat die Gefleckte Keulenschrecke noch ein hohes Wärmebedürfnis; die Männchen dieser Art hören auch in der ärgsten hochsommerlichen Mittagshitze nicht mit ihrer Stridulation auf. Bei vielen anderen Heuschrecken ist in solchen trockenheißen Biotopen während dieser Stunden eine Aktivitätsverminderung zu erkennen. Die Stridulation ist sehr leise; auf etwa 1 m Entfernung ist sie gerade noch hörbar. Das Gezirpe ist ein eigenes zartes und feines Wispern von schwer wiederzugebendem, sehr charakteristischem Klang.
Die Gefleckte Keulenschrecke hat noch eine Schwesterart, die Langfühlerige Keulenschrecke (*Myrm. antennatus*) mit osteuropäischer Verbreitung (Männchen mit etwa körperlangen Fühlern). Diese Art ist in Österreich ausgestorben oder verschollen (A. 0).
Verbreitung: In der BRD, der Schweiz und in Österreich gebietsweise weiter verbreitet, sonst selten bis fehlend.

Arcyptera fusca, Pallas Höckerschrecke (VIII–IX)
Körpergröße: Männchen 24–30 mm, Weibchen 30–35 mm.
Färbung: Helleres, etwas grünliches Olivbraun; Hinterleib mit bunter gelbschwarzer Zeichnung, Deckflügel beim Männchen sehr dunkel, fast schwarz. Hinterknie schwarz, Hinterschiene unterm Knie mit gelblich-dunkler Binde, sonst karminrot mit teilweise hellen, schwarzspitzigen Dornen.
Habitus: Weibchen: Große, kräftige Tiere mit breiter Brust und dickem Hinterleib; Flügel deutlich kürzer als der Hinterleib.
Männchen: Schlanker, mit mehr als hinterleibslangen Flügeln.
Standort: Trockene, warme Heiden, Wald- und Bergwiesen.
Art: Seitenkiele des Halsschildes nur schwach gebogen oder gewinkelt.
Lebensweise: Von der Gestalt her erinnert Pallas Höckerschrecke etwas an die dicke Rotflügelige Schnarrschrecke (*Psophus stridulus*). Wie bei dieser Art können die Männchen im Flugschnarren erzeugen, allerdings leiser und seltener. Die Stridulation dieser Schrecke ist kräftig und laut; die einzelnen Zirpfolgen beginnen mit härteren Rollauten, gehen dann in ein weich klingendes Schwirren über und enden wieder mit Rollauten.
Verbreitung: Südlichste BRD; in der Schweiz und in Österreich weiter verbreitet.

Ⓓ Nicht gefährdet   Ⓐ Gefährdet (A.3)   ⒞ₕ Gefährdet (A.3)

▲ ♂   ▼ ♀

Ⓓ Vom Aussterben bedroht (A.1)   Ⓐ Gefährdet (A.3)   ⒞ₕ Nicht gefährdet

Ordnung Blattodea – Schaben

Phyllodromica germanica, Deutsche Küchenschabe (I–XII)
Körpergröße: Männchen und Weibchen 10–13 mm.
Färbung: Bräunlich; Flügel rotbraun, Körperunterseite hellbraun. Halsschild mit zwei fast schwarzen Längsstreifen.
Habitus: Schaben-Habitus (siehe auch Bestimmungshilfe).
Standort: Ritzen und Spalten von menschlichen Behausungen.
Lebensweise: Die Deutsche Küchenschabe ist trotz moderner Bekämpfungsmaßnahmen ein weitverbreitetes, dem Menschen treu folgendes Tier. Die Art ist – wie die meisten kulturfolgenden Schaben – sehr wärmeliebend und in unseren Breiten aus diesem Grund an den Bereich des Menschen gebunden. Vom Menschen verschleppt, kommen die kleinen Tierchen fast überall auf der Welt vor. Auf diese Weise können sie auch jederzeit irgendwo auftauchen. Auffallend ist bei den Schaben ihre ausgeprägte positive Thigmotaxis. Sie halten sich am liebsten an Orten auf, wo ihr Körper mit möglichst vielen Kontaktpunkten in Berührung kommt. Sie sind überaus berührungsempfänglich und bevorzugen etwa körperenge Spalten, Ritzen und dergleichen zum Aufenthalt. Durch ihre geringe Größe können sie sich an den unmöglichsten und unzugänglichsten Stellen eines Raumes versteckt halten; bei starkem Schabenbefall sind z. B. auch die engen Spalten von gebundenen Buchrücken nicht vor ihnen sicher. Die meist ungeliebten Mitbewohner sind lichtscheu und halten sich unter Tags in ihren Spalten und Ritzen versteckt. Nicht selten sieht man dann von den Tieren nur die aus dem Versteck herausragenden Fühler, mit denen sie intensiv die Umgebung abtasten.
Bei Dunkelheit verlassen sie ihre Verstecke und streifen auf Nahrungssuche herum. Sie sind Allesfresser, die noch dazu kaum Ansprüche stellen. Sie verwerten die geringsten Abfälle und können durch Benagen der verschiedensten Dinge sehr lästig bis schädlich werden. Mir ist ein Fall bekannt, wo die Tierchen offensichtlich die Klebschicht eines Flaschenetiketts so attraktiv fanden, daß dieses binnen einer Woche einem papierenen Netzwerk glich. Die Tierchen sind ausgezeichnete, äußerst flinke Läufer, die auch sehr gut klettern und nur schwer zu fangen sind. Sie sind mit einem bescheidenen Sprungvermögen ausgestattet, das ihnen z. B. auf der Flucht das Abspringen von Möbelkanten usw. erlaubt. Den so herbeigeführten Fall bremsen sie häufig mit den ausgebreiteten Flügeln in der Art eines Fallschirmes. Trotz der wohlausgebildeten Flügel in beiden Geschlechtern können sie nicht richtig, also aktiv, fliegen. Ihr Flug ist immer ein Fall, den sie mit Flügelbewegungen geringfügig beeinflussen können. Die Männchen sind meist deutlich schlanker als die Weibchen. Ein sicheres Unterscheidungsmerkmal sind die längeren, gehörnartig gekrümmten Cerci der Männchen.

Phyllodromica maculata, Gefleckte Kleinschabe (VI–IX)
Körpergröße: Männchen und Weibchen 6–7 mm.
Färbung: Braunschwarz bis schwarz.
Habitus: Schaben-Habitus.
Standort: Siehe unten.
Lebensweise: Die Ordnung *Blattodea* ist bei uns nicht nur mit Kulturfolgern, sondern auch mit freilebenden Formen vertreten. Die unauffälligen und unscheinbaren Wald- und Kleinschaben sind Bewohner unserer Wiesen und Wälder. Sie sind allesamt Formen der bodennahen Vegetationsschicht; die abgebildete Gefleckte Kleinschabe ist eine davon. Sie hält sich meist im höheren Gras, Kraut oder Gebüsch im Bereich von günstig gelegenen Nadelwaldrändern auf. Wie die Küchenschabe sind sie geschickte, wendige Kletterer; im Gegensatz zu dieser sind sie aber tagaktiv. Wie bei etlichen Wald- und Kleinschabenarten sind auch bei der Gefleckten Kleinschabe die Flügel der Weibchen reduziert, während die Männchen zumeist voll ausgebildete Flügel besitzen. Einzelne Arten sind bei uns recht weit verbreitet, einige sehr selten; die Unterscheidung der Arten ist zum Teil etwas schwierig.

Schädling

▲ ♂ ▼ ♀

D Vom Aussterben bedroht (A.1)   A Nicht gefährdet   CH ?   151

Blatta orientalis, Orientalische Blattschabe,
Gemeine Küchenschabe
Körpergröße: Männchen und Weibchen 18–24 mm.
Färbung: Dunkelbraun bis fast schwarz.
Habitus: Schaben-Habitus; Flügel der Männchen kürzer als der Hinterleib, Flügel der Weibchen zu kleinen Schuppen zurückgebildet.
Standort: Ähnlich der Deutschen Küchenschabe; bevorzugt aber eher wenig begangene Räume wie warme Keller, Lagerhäuser und Stallungen.
Lebensweise: Sehr ähnlich der Deutschen Küchenschabe. Die Orientalische Blattschabe ist im Vergleich zur Deutschen Küchenschabe ein schlechter Kletterer, der sich deswegen fast immer am Boden aufhält. Die Art ist auch viel stärker lichtscheu; wird in einem dunklen Raum oder des Nachts Licht eingeschaltet, so huschen die Tiere sofort zu Verstecken. Die Deutsche Küchenschabe läßt sich in dieser Hinsicht von einem geringen Lichtpegel nicht allzusehr in ihren Aktivitäten stören. Die Anwesenheit von Orientalischen Blattschaben ist auch geruchlich merkbar. Die Tiere haben eine eigenartige, unangenehme Ausdünstung, die kleinere Räume mit der Zeit richtig verstinken kann.

Periplaneta americana, Amerikanische Großschabe
Körpergröße: Männchen und Weibchen 25–35 mm.
Färbung: Kopf, Halsschild und Deckflügel rotbraun; Körperunterseite und Beine hellbraun, Hinter- und Seitenrand des Halsschildes mit flach U-förmiger, verwaschener heller Binde.
Habitus: Schaben-Habitus; beide Geschlechter mit hinterleibslangen Flügeln.
Lebensweise: Ursprünglich in den Tropen beheimatet, ist diese Großschabe durch Verschleppung ebenfalls praktisch in allen Weltteilen zu finden. Als sehr wärmeliebende Tiere können sich bei uns gelegentlich verschleppte oder ausgekommene Exemplare nur in sehr gut geheizten Räumlichkeiten längere Zeit halten (Gewächshäuser, Keller oder Lager mit Heizungsanlagen usw.). Die Amerikanische Großschabe ist leicht zu züchten; sie findet sich immer wieder im Tierhandel als Futtertier. Wegen der Körpergröße wird dieses Tier auch gern an Schulen und Universitäten als Sezierobjekt zur Demonstration des inneren Körperaufbaues von Insekten verwendet; an dem beliebten Labortier wurden bereits viele wissenschaftliche Erkenntnisse gewonnen.
Das abgebildete Weibchen ist gewissermaßen „hochträchtig". Es steht kurz vor dem Abwurf des deutlich erkennbaren und schon weit aus dem Hinterleib herausragenden Eipaketes (Oothek, siehe auch S. 34 f.).

Schädling

▲ ♀

▼ ♀

Schädling

Blaberus cranifer, Riesenschabe
Körpergröße: Männchen und Weibchen 45–60 mm.
Färbung: Kopf, Brust und Beine grauschwarz bis schwarzbraun, Hinterleib unten hell-dunkel geringelt. Halsschild am Vorder- und Seitenrand mit breiter, scharf abgegrenzter heller Binde. Deckflügel schmutzig hellbraun bis gräulich.
Habitus: Schaben-Habitus; Flügel deutlich länger als der Hinterleib.
Lebensweise: Wie vorhergehende Art. Das gezeigte Tier ist frisch gehäutet und besitzt noch wenig ausgefärbte, später nachdunkelnde Körperpartien (Halsschild, Flügel).

Ordnung Mantodea – Fangschrecken

Mantis religiosa, Gottesanbeterin (VII–IX)
Körpergröße: Männchen 40–55 mm, Weibchen 50–70 mm.
Färbung: Meist einfarbig hellgrün; gelegentlich auch bräunlich, sehr selten bleich-rötlich. Halsschild und Deckflügel mit feinem, hellem Randstrich, letztere knapp vor der Mitte mit kleinem, weißlichem Fleck. Innenseite der Vorderhüften mit schwarzglänzendem Fleck.
Habitus: Große, schlanke Tiere mit kleinem, dreieckigem Kopf, stark gestreckter Brust, vollkommen ausgebildeten Flügeln und charakteristischen Fangbeinen.
Standort: Sehr warme, trockene Wiesen.
Lebensweise: Die Gottesanbeterin ist bei uns die einzige Vertreterin der ca. 1800 Arten umfassenden, weitgehend tropisch verbreiteten Fangschreckenordnung. Ihre Verbreitung und ihr Vorkommen werden hauptsächlich von den hohen Wärmeansprüchen bestimmt. Sie ist in unseren Gebieten zumeist auf sehr günstig gelegene Wärmeinseln oder ähnliche, meist auch sehr trockene Bereiche beschränkt. Dies geht jedoch weniger auf die Trockenheitsliebe als auf das hohe Wärmebedürfnis zurück. Im für sie günstigeren Mittelmeerraum tritt sie auch in feuchteren Biotopen auf. Die Gottesanbeterin ist ein Grasbewohner mit langsam kletternder Bewegungsweise, der sowohl auf kurzgrasigen Wiesen wie in hohen, dichten Trockenrasenbeständen vorkommen kann. Bei Störung flüchten die Tiere kletternd oder mit kurzen, sehr unsicheren Sprüngen; nur die Männchen machen bisweilen von ihren Flügeln Gebrauch. Sie fliegen nur kurze Strecken, meist kaum einen Meter weit; der Flug wirkt sehr unsicher und langsam-flatternd. Des öfteren reagieren die Gottesanbeterinnen auf Störungen mit einer sehr typischen Abwehr- oder Drohstellung, bisweilen auch mit Angriff durch Schläge mit den stark bedornten Fangbeinen. In dieser Schreckstellung richten sich die Tiere hoch auf, spreizen die Deckflügel etwas seitlich ab und halten die zusammengeklappten Fangbeine so vor den Körper, daß die schwarzen Flecken der Vorderhüften deutlich sichtbar werden. Zu dieser optisch sehr eindrucksvollen Haltung kommen noch fauchend-zischende Geräusche, die durch Streichbewegungen des Hinterleibes an den häutigen, ebenfalls etwas ausgebreiteten Hinterflügeln erzeugt werden. Bei Bedarf wird der Störenfried noch mit raschen, schnell aufeinanderfolgenden Schlägen traktiert. Als praktisch rein optisch orientierte Räuber sind sie ausgesprochene Tagtiere; eine physiologische Anpassung der Augen ermöglicht ihnen aber auch noch einen Beuteerwerb während der Dämmerung. Zu Paarung, Eiablage und Ernährung siehe S. 34 bzw. S. 47!
Verbreitung: In der BRD nach neueren Publikationen nur mehr an zwei Stellen vorkommend (Kaiserstuhl und Hammelsberg). Sehr lokalisiert in der Südschweiz und in Ostösterreich.

Schädling

▲ ♀   ▼ ♀

(D) Vom Aussterben bedroht (A.1)   (A) Stark gefährdet (A.2)   (CH) Stark gefährdet (A.2)

155

Weiterführende und ergänzende Literatur

BEIER, M. (1972): Saltatoria (Grillen und Heuschrecken). In: Handbuch der Zoologie 4 (2) 2/9 – Walter de Gruyter, Berlin, New York 1972.
GREIN, G., & G. IHSSEN: Bestimmungsschlüssel für die Heuschrecken der Bundesrepublik Deutschland und angrenzender Gebiete / Deutscher Jugendbund für Naturbeobachtung, Hamburg 1983.
HARZ, K.: Die Geradflügler Mitteleuropas / Fischer Verlag, Jena 1957.
HARZ, K.: Die Orthopteren Europas I (Ensifera) / Series Entomologica, Den Haag 1969.
HARZ, K.: Die Geradflügler Europas II (Caelifera) / Series Entomologica, Den Haag 1975.
HARZ, K. & A. KALTENBACH: Die Orthopteren Europas III (Mantodea) / Series Entomologica, Den Haag 1976.
JACOBS, W. & F. SEIDEL: Systematische Zoologie: Insekten, Wörterbücher der Biologie. Gustav Fischer Verlag / UTB-Taschenbücher / Stuttgart 1975.
KAESTNER, A.: Lehrbuch der Speziellen Zoologie / Gustav Fischer Verlag, Jena 1973.
BLAB, J., E. NOWAK, W. TRAUTMANN & H. SUKOPP: Rote Liste der gefährdeten Tiere und Pflanzen in der Bundesrepublik Deutschland / Kilda Verlag, Greven; 4. Auflage 1984.
GEPP, J., et al.: Rote Listen gefährdeter Tiere Österreichs. Herausgegeben vom Bundesministerium für Gesundheit und Umweltschutz; 1. Fassung 1983, 2. Fassung 1984.

Gesänge der heimischen Heuschrecken. Eine akustisch-optische Bestimmungshilfe; Langspielplatte mit fester Hülle. Erhältlich bei: Niedersächsisches Landesverwaltungsamt Naturschutz – Landschaftsschutz, Vogelschutz. Postfach 107, 3000 Hannover 1.

Register

Abdomen 8
Abweichungen 52 ff.
Acheta domestica 76
Acrida ungarica 134
Acridinae 134 ff.
Acridoidea 118 ff.
Aeropus sibiricus 146
Ägyptische Knarrschrecke 122
Aiolopus strepens 130
Aiolopus thalassinus 130
Aktivitätsräume 44
Alpen-Strauchschrecke 100
Alpine Gebirgsschrecke 120
Amerikanische Großschabe 152
Anacridium aegyptium 122
Antennen 7
Apodem 26
Arcyptera fusca 148
Artansprüche 41
Atmung 9
Auftreten, jahreszeitliches 39
Autotomie, der Beine 37

Barbitistes constrictus 90
Barbitistes serricauda 90
Beinabwurf 37
Beißschrecken 100 ff.
Biotopbindung 41 ff.
Blaberus cranifer 154
Blatta orientalis 152
Blattodea 150 ff.
Blattschabe, Orientalische 152
Blauflügelige Ödlandschrecke 126
Blauflügelige Sandschrecke 128
Blütengrille 80
Blutgefäßsystem 8 f.
Bodenleger 34
Braune Strandschrecke 130
Braunfleckige Beißschrecke 110
Brust 8
Brutpflege 39
Bryodema tuberculata 124
Buntschrecke 92

Caelifera 116 ff.
Calliptamus italicus 122
Caput 7
Catantopidae 116 ff.
Cercus 8
Chorthippus albomarginatus 144
Chorthippus dorsatus 142
Chorthippus mollis 144
Chorthippus parallelus 142
Chrysochraon dispar 136
Conocephalus discolor 98
Conocephalus dorsalis 98
Coxa 8, 23

Darm 8
Decticinae 100 ff.
Decticus verrucivorus 112
de Geers Grashüpfer 144
Deutsche Küchenschabe 150
Dickkopf-Grashüpfer 140
Dornschrecken 116

Eiablage 31 ff.
Eichenschrecken 94
Eier 11
Eipaket 33–36
Embryogenese 11 f.
Ensifera 76 ff.
Entwicklung 10
Epacromius caerulipes pannonicus 134
Epacromius tergestinus 134
Ephippiger ephippiger 100
Ernährung 46
Euchorthippus declivus 140
Euplantulae 23
Euryökie 41 ff.
Euthystira brachyptera 136
Exuvie 14 f.

Fangschrecken 154
Feinde 47 f.
Feldgrille 76
Feldheuschrecken 118 ff.
Fischers Strauchschrecke 102
Flucht 36
Flügellängen 58
Fortbewegung 23
Fortpflanzung 27
Fühler 7
Fuß 8, 23

Gampsocleis glabra 112
Gebirgsschrecken 118 f.
Gefährdung 44 ff.
Gefährdungsgrade 64
Gefleckte Keulenschrecke 148
Gefleckte Kleinschabe 150
Gefleckte Schnarrschrecke 124
Gehör 17 f.
Gelbe Beißschrecke 110
Gemeine Eichenschrecke 94
Gemeine Sichelschrecke 84
Gemeine Strauchschrecke 102
Gemeine Wanstschrecke 92
Gemeiner Grashüpfer 142
Gesangsformen 22
Geschlechtsorgane 9
Gewächshausschrecke 82
Gewöhnliche Gebirgsschrecke 118
Goldschrecken 136
Gomphocerus rufus 144

Gonaden 9
Gonapophysen 8, 31
Gottesanbeterin 154
Grabschrecke 118
Grashüpfer 134 ff.
Grashüpfer, Dickkopf- 140
Grashüpfer, de Geers 144
Grashüpfer, Gemeiner 142
Grashüpfer, Panzers 138
Grashüpfer, Rotleibiger 140
Grashüpfer, Schwarzfleckiger 138
Grashüpfer, Verkannter 144
Graue Beißschrecke 108
Grillen 76 ff.
Grillenartige 82
Große Goldschrecke 136
Großes Grünes Heupferd 114
Großschabe, Amerikanische 152
Grüne Beißschrecke 106
Grüne Strandschrecke 130
Gryllacridoidea 82
Grylloidea 76 ff.
Gryllotalpa gryllotalpa 80
Gryllus campestris 76

Haftballen 23
Hausgrille 76
Häutung 14 f.
Heideschrecke 112
Heimchen 76
Heupferde 114
Hinterleib 9
Höckerschrecke, Pallas' 148
Höhlenschrecke 82
Hörvermögen 17
Homorocoryphus nitidulus 96
Hüfte 8, 23

Isophya pyrenaea 86
Italienische Schönschrecke 122

Keulenschrecken 146 ff.
Kleine Goldschrecke 136
Kleinschabe, Gefleckte 150
Klima 43
Knarrschrecke, Ägyptische 122
Knarrschrecken 118 ff.
Kollars Höhlenschrecke 82
Komplexauge 16 f.
Kopf 7
Kopula 27 ff.
Körperbau 7
Körperfärbung 52
Küchenschabe, Deutsche 150
Kurzflügelige Beißschrecke 104
Kurzflügelige Schwertschrecke 98
Kurzfühlerschrecken 116 ff.

Langflügelige Schwertschrecke 98
Langfühlerige Keulenschrecke 148
Langfühlerschrecken 76 ff.
Larvenhaut 14 f.
Laubheuschrecken 84 ff.

Laubholz-Säbelschrecke 90
Lauchschrecke 132
Lauterzeugung 19
Legeklappen 33
Legeröhre 31
Leptophyes albovittata 88
Leptophyes punctatissima 88
Lilienblatt-Sichelschrecke 86
Locusta migratoria 128

Mandibel 8
Mandibellaute 23
Manövrierfähigkeit 23
Mantodea 154
Maulwurfsgrille 80
Meconema meridionale 94
Meconema thalassinum 94
Mecosthetus grossus 132
Metamorphose 10 ff.
Metrioptera bicolor 106
Metrioptera brachyptera 104
Metrioptera roeseli 106
Miramella alpina 120
Mitteleuropäische Strandschrecke 134
Mundwerkzeuge 7 f.
Myrmeleotettix antennatus 148
Myrmeleotettix maculatus 148

Nadelholz-Säbelschrecke 90
Nemobius sylvestris 78
Nervensystem 9

Oberkiefer 8
Ocellen 17
Ödlandschrecke, Blauflügelige 126
Ödlandschrecke, Rotflügelige 126
Ödlandschrecken 124 ff.
Odontopodisma decipiens 120
Oecanthus pellucens 80
Oedipoda caerulescens 126
Oedipoda germanica 126
Oedipodinae 124 ff.
Ökologie 41 ff.
Omocestus haemorrhoidalis 140
Oothek 34 f.
Orientalische Blattschabe 152
Ovipositor 31

Paarung 27 ff.
Pallas' Höckerschrecke 148
Panzers Grashüpfer 138
Parapleurus alliaceus 132
Parasiten 47 f.
Parthenogenese 11
Periplaneta americana 152
Pfaendlers Dreizehenschrecke 118
Pflanzenleger 34
Phaneroptera falcata 84
Phaneroptera nana 84
Phasenbildung 49 ff.
Pholidoptera aptera 100
Pholidoptera fallax 102

Pholidoptera griseoaptera 102
Phyllodromica germanica 150
Phyllodromica maculata 150
Platycleis affinis 108
Platycleis albopunctata 108
Platycleis grisea 108
Platycleis montana 108
Platycleis tesselata 110
Platycleis vittata 110
Plumpschrecke, Pyrenäische 86
Podisma pedestris 118
Poecilimon gracilis 92
Polysarcus denticauda 92
Präparation 61 ff.
Psophus stridulus 124
Pteronemobius heydenii 78
Punktierte Zartschrecke 88
Pyrenäische Plumpschrecke 86

Rammes Gebirgsschrecke 120
Räuber 46 f.
Raumstrukturierung 44
Requisiten, erforderliche 41
Rhaphidophoridae 82
Riesenschabe 154
Rivalitätsverhalten 38
Roesels Beißschrecke 106
Rote Keulenschrecke 146
Rotflügelige Ödlandschrecke 126
Rotflügelige Schnarrschrecke 124
Rotleibiger Grashüpfer 140

Säbeldornschrecke 116
Säbelschrecken 90
Saga pedo 96
Sägeschrecke 96
Sahlbergs Dornschrecke 116
Sammlung 61 ff.
Sandschrecke, Blauflügelige 128
Sattelschrecke, Steppen- 100
Schaben 150 ff.
Schiefkopfschrecke 96
Schienenschleudern 37
Schlüpfakt 12 f.
Schnarrschrecken 124
Schönschrecke, Italienische 122
Schrillkante 20
Schwärme 49 ff.
Schwarzfleckiger Grashüpfer 138
Schwertschrecke 96 f.
Sibirische Keulenschrecke 146
Sichelschrecken 84 ff.
Singschrecken 100 ff.
Sinnesfähigkeiten 16
Spermatophore, Spermatophyllax 29
Sphingonotus caerulans 128
Spiegelzelle 21
Sprung 25
Stenobothrus lineatus 138
Stenobothrus nigromaculatus 138
Stenökie 41 ff.

Steppen-Beißschrecke 108
Steppen-Sattelschrecke 100
Sternit 8
Stirnaugen 17
Strandschrecke, Neusiedler 134
Strandschrecke, Mitteleuropäische 134
Strandschrecken 130
Strauchschrecken 100 ff.
Stridulation 19 ff.
Stylus 8
Südeuropäische Eichenschrecke 94
Südliche Beißschrecke 108
Südöstliches Heupferd 114
Sumpfgrille 78
Sumpfschrecke 132

Tachycines asynamorus 82
Tarsus 8, 23
Temperaturansprüche 43
Tetrix nutans 116
Tetrix subulata 116
Tettigonia cantans 114
Tettigonia caudata 114
Tettigonia viridissima 114
Tettigoniidae 100 ff.
Tettigonioidea 84 ff.
Thorax 8
Tibia 8
Tracheen 9
Tridactylus pfaendleri 118
Trochanter 8
Troglophilus cavicola 82
Turmschrecke 134
Tylopsis liliifolia 86
Tympanum 17

Umweltfaktoren 41 ff.

Variationen 52 ff.
Verhaltensweisen 36
Verkannter Grashüpfer 144
Vierpunktige Sichelschrecke 84
Vorkommen 40
Vorzugstemperaturen 43 f.

Waldgrille 78
Wanderheuschrecke 128
Wanderheuschrecken 49 ff.
Wanstschrecke, Gemeine 92
Warzenbeißer 112
Weinhähnchen 80
Weißfleckige Zartschrecke 88
Werre 80
Westliche Beißschrecke 108
Wiesengrashüpfer 142

Yersinella raymondi 104
Yersins Schrecke 104

Zartschrecken 88
Zierliche Buntschrecke 92
Zwitscher-Heupferd 114

kosmos

NATUR-FÜHRER

Zahradnik/Cihar
Der Kosmos-Tierführer
Europäische Tiere
Hervorragende Zeichnungen und ausführliche Angaben zur Verbreitung, zum Aussehen, zur Biologie der einzelnen Arten sowie zu ihrer Stellung im zoologischen System ermöglichen eine sichere Bestimmung.
391 S., 1103 meist farb. Abb.

Bruun/Singer/König
Der Kosmos-Vogelführer
Die Vögel Deutschlands und Europas in Farbe
Farbbilder, Beschreibungen und Verbreitungskarten sind für jede Vogelart so zusammengestellt, daß der Benutzer des Buches alle wichtigen Informationen rasch erfassen kann.
320 S., 2420 meist farb. Abb.

Aichele/Golte-Bechtle
Was blüht denn da?
Wildwachsende Blütenpflanzen Mitteleuropas
Die Einteilung nach Blütenfarben und die exakten farbigen Abbildungen helfen, in kurzer Zeit Name, Gattung und Art wildwachsender Blütenpflanzen festzustellen. Die Anordnung der Texte gestattet es, mit einem Blick alle wichtigen Kennzeichen zu erfassen.
Das Standard-Bestimmungsbuch für den Naturfreund – jetzt im handlichen Einsteckformat!
Ca. 432 S., ca. 1376 meist farb. Abb.

Wir halten einen kostenlosen Farbprospekt für Sie bereit – bitte beim **Kosmos-Verlag, Postfach 640, 7000 Stuttgart 1** anfordern!

In Ihrer Fach/Buchhandlung!